중국어 말하기시험

TSC

2·3급 대비

중국어 회화

기초향상편

최명숙 지음

신아사

최명숙 崔明淑

현 상명대학교 중국어권지역학 교수
북경사범대학 문학박사
저자는 중국 언어와 문화를 주 연구 분야로 다양한 한중교류 활동과 한중비교 연구에 노력하고 있다. 다년간 중국어를 가르친 경험을 토대로, 그동안 출판한 『대학생활을 위한 중국어회화』 단계별 교재를 지속적으로 보완하여 『말하기시험(TSC)을 대비하기 위한 중국어회화』 교재 연구와 집필에 매진하고 있다.

현재 또한 중국의 음악·공연 분야에 독보적인 연구자로, 인문과 예술·미디어의 융복합 연구 등 다양한 대담과 공연활동을 하고 있다.

주요 저서로는 『응용문습작』, 『중국어회화(실력향상)』, 『중국어회화(초급)』 『중국 대중음악 연구』 등이 있다.

중국어회화 기초향상편

초판 1쇄 _ 2022년 3월 10일

저　　자 • 최 명 숙
발 행 인 • 정 현 걸
발　　행 • 신 아 사
인　　쇄 • 토탈프로세스
출판등록 • 1956년 1월 5일 (제9-52호)
주　　소 • 서울특별시 은평구 통일로 59길 4
전　　화 • 02) 382-6411 · 팩스 02) 382-6401
홈페이지 • www.shinasa.co.kr
E-MAIL • shinasa@daum.net

ISBN 979-11-91158-86-1(93720)

정가 15,000원

머리말

『중국어 말하기시험(TSC) 2· 3급 대비』

중국과 이웃하고 있는 우리나라에서 중국과 중국어의 중요성은 아무리 강조해도 지나치지 않을 것입니다.

최근에 들어 중국어말하기시험(TSC)은 중국어 자격증 중 HSK 다음으로, 대학교 입학 또는 유학과 공기업, 사기업 취직에 활용하고 있는 자격시험으로 급부상하고 있습니다. TSC는 인터뷰 형식을 도입하여 응시자의 중국어 말하기 능력을 측정하는 시험입니다. 이는 YBM에서 연구 개발하여 일상생활에서의 실제로 의사소통 할 수 있는 회화 응용능력을 전문적으로 평가하고자 하는 시험입니다. 하지만 말하기 시험을 대비하기 위한 강좌나 기출문제를 통해서 좋은 성적을 기대하는 것은 결코 쉽지 않습니다. 또한 대부분의 중국어 교재는 말하기 시험에 대비하기 위한 커리큘럼으로는 적합하지 않기 때문에 별도의 시험 대비용 단계별 교재에 대한 개발이 전략적으로 필요하다 생각됩니다.

저자는 다년간 중국어회화 수업을 해오면서, 중국어말하기 시험의 중요성을 인지하고 그동안의 교수 노하우를 모두 담아 학습자가 중국어말하기 시험에 자연스럽게 대비할 수 있도록 단계별 교재를 집필하기로 하였습니다.

『중국어회화』 기초향상편은 정규교육기관에서 3개월 또는 6개월 이상 중국어를 배운 학습자를 대상으로 중국어 말하기 시험 2·3급을 대비하는 목적으로 편찬된 교재입니다. 저자는 말하기시험 기출문제를 분석하여 중국어회화 수업을 할 때 자기소개부터 시작해서 일상생활 속에서의 다양한 표현을 구사할 수 있도록 내용을 구성하였습니다. 2·3급은 자신과 관련된 화제와 말하기에 대해서는 간단하게 대답할 수 있으며 간단한 문장으로 다른 사람과 대화할 수 있게 됩니다. 자주 쓰는 단어와 기본적인 문법을 사용할 수 있지만 발음과 성조가 부정확하고 어휘가 부족할 수 있으며 종종 실수를 할 수 있는 단계이기도 합니다.

『중국어회화』 기초향상편은 일관된 주인공들이 학습하고 생활하는 데 있어 엮어가는 다양한 상황회화를 통해 보편적으로 사용하는 대중화된 회화에 초점을 두었습니다. 입으로 바로 바로 나올 때까지 일부 문형에 대해서는 예문과 확장학습을 통해 학습자들이 중국어의 일반 지시된 그림을 보면서 다양한 말하기 연습 및 활용 연습을 반복합니다. 자주 쓰이는 단어와 문형을 본문과 연습문제에서 반복 연습하여 질문의 의도를 정확하게 파악하고, 복잡한 문장을 피하고 간결하게 표현하며 대화를 하듯 대답을 하는 등 2 · 3급 기출문제를 중점적으로 기획하였습니다.

외국어를 자유자재로 구사한다는 것은 쉽지 않습니다. 그러나 각오와 의지를 가지고, 꾸준히 듣고 말하는 훈련을 반복한다면, 분명히 중국어를 정복할 수 있으리라고 확신합니다.

이 교재는 앞으로도 학습자의 필요와 시대변화에 맞게 적절히 수정되어 나갈 것입니다. 더 많은 학습자들이 이 교재를 통해 자신의 생각을 중국어로 효과적으로 표현할 수 있기를 바랍니다.

2022년 3월 10일

저자 최명숙

이 책의 구성 및 학습 목표

TSC 시험은 아래와 같이 구성되어 있습니다.

제1부분 간단하게 자기 소개하기
제2부분 제시된 그림 보고 대답하기
제3부분 일상생활 화제에 신속하게 대화 완성하기
제4부분 일상생활 화제별로 간단하게 대답하기
제5부분 자신의 견해를 논리적으로 확장하여 대답하기
제6부분 문제 상황에 적절히 대응하는 답변하기
제7부분 연속된 그림을 보고 스토리 구성하기

가. 본문에서는 TSC 시험문제 및 형식을 적용하여 분산되어 있는 문제들을 주제별, 레벨별로 대화내용을 구성하였습니다.
나. 본문에서는 제2~3부분 문제를 중심으로 비교적 쉬운 난이도의 주제로 본문을 전개하였습니다.
다. TSC인터뷰 시험형식을 도입하여 중국어 말하기를 반복할 수 있는 교재로 활용할 수 있도록 구성하였습니다.
라. 말하기연습에서 질문에 해당한 정답은 유용한 표현들을 적용하도록 본문내용을 구성하였습니다.

강의지침

1. 선생님이 직접 발음 시범을 보여주고, 학생들이 따라서 발음합니다.
2. 선생님이 한 구절 한 구절 읽고, 학생들을 큰 소리로 따라 읽게 합니다.
3. 선생님은 말투를 좀 더 부드럽게 표현하는데 도움을 주는 어기조사 '啊, 呀, 呦, 呢, 吧, 啦, 嘛, 呗'를 자연스럽게 사용하도록 시범을 보여줍니다.
4. 학생은 2인 1조로 회화를 읽되 회화내용을 최대한 암기합니다.

이 책의 구성 및 학습 목표

각 과의 학습목표 및 내용을 한눈에 쉽게 이해하고 주요표현과 핵심문장을 파악할 수 있도록 구성했습니다.

실제 생활에서 일어날 수 있는 다양한 상황별 대화문으로 구성되었습니다. 본 문에 나오는 단어를 알아보기 쉽게 정리하여, 본격적인 학습에 들어가기 전에 새로 배울 단어를 소리 내어 읽고 반복하도록 합니다.

주어진 그림을 보고 제시된 단어 및 문형을 응용하여 자연스럽게 대화할 수 있도록 말하기 능력을 키웁니다. 이는 학습한 내용들을 정확히 이해했는지 확인하는 말하기시험의 단계별 기초문제이므로 반드시 숙지하고 암기하세요!

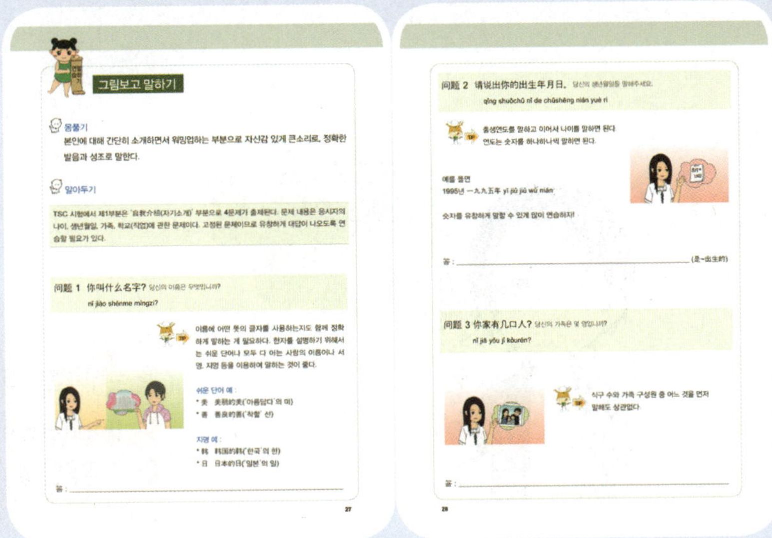

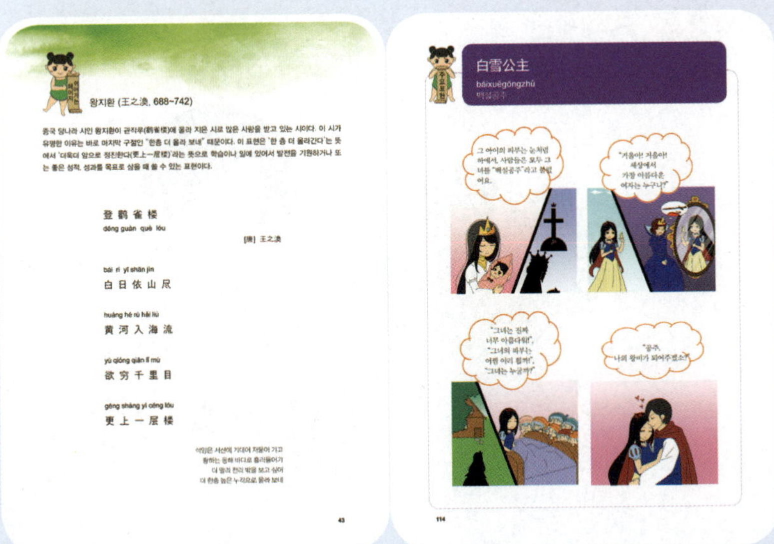

당시(唐诗)를 읊고 소리의 높낮이와 기복, 성조의 정확성을 잡아주고 시의 운률감, 중국어의 리듬감을 느낍니다. 또한 누구나 아는 '동화'를 중국어로 읽으면서 문법이나 단어도 쉽게 도전할 수 있습니다.

이 책의 등장인물

于小龙
yúxiǎlóng
위야오롱

金善英
jīnshànyīng
김선영

朴珠莉
piáozhūlì
박주리

李京秀
lǐjīngxiù
이경수

기초발음 체크하고 많이 연습하자!

주의해야 할 발음

a o e i u ü

1) 운모 'i'가 있을 때

i ia ie iao iou ian in iang ing iong

2) 운모 'ü'가 있을 때

ü üe üan ün

3) 성모 ' j, q, x ' 와 ' z, c, s '를 구분하기

ji qi xi / zi ci si

성조(声调)에 대해 자신이 있는가?

ā	á	ǎ	à
一声	二声	三声	四声

1) 1성을 높은 음으로 시작하여 길게 유지하고 있는가?

2) 2성을 낮은 음에서 시작하여 최대한 끌어올려 주었는가?

3) 3성을 가장 낮게 떨어졌다가 다시 꺾어 올렸는가?

4) 4성은 높은 음에서 낮은 음으로 떨어뜨리며 소리를 내었는가?

5) 경성은 짧고 약하게 읽자!

성조의 변화에 대해

1) 3성과 3성이 잇따라 있을 때

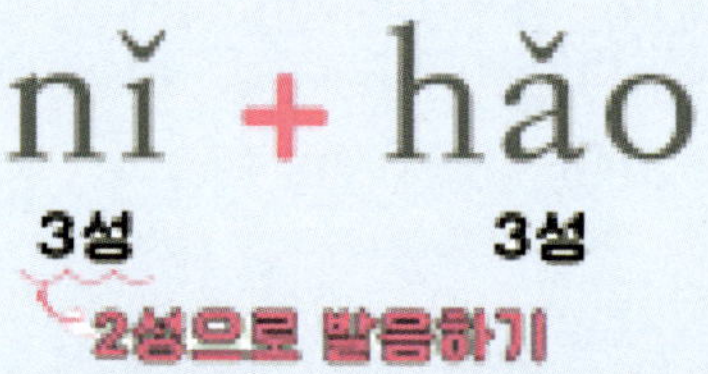

2) '一'와 '不'의 발음변화

一 yī 의 발음변화		不 bù 의 발음변화	
一 + 1, 2, 3성	一边 yì biān	不 + 1, 2, 3성	不吃 bù chī
一 + 1, 2, 3성	一年 yì nián	不 + 1, 2, 3성	不行 bù xíng
一 + 1, 2, 3성	一点 yì diǎn	不 + 1, 2, 3성	不好 bù hǎo
一 + 4성	一下 yí xià	不 + 4성	不是 bú shì

'儿'화를 많이 연습하자!

花儿　一点儿　一会儿　一下儿

CONTENST

중국어 말하기시험(TSC) 2 · 3급 대비

중국어회화

기초향상편

01 我们同岁啊！

wǒmen tóng suì a

우리 동갑이야!

학습 목표

- 이름, 나이, 생일, 식구 등에 관한 표현을 익힐 수 있다.
- 직업에 관한 표현을 익힐 수 있다.

학습 내용

♪ 이름에 대해 정확하게 말하기
♪ 생년월일을 정확하게 말하기
♪ 가족에 대해 정확하게 말하기
♪ 학교(직장)에 대해 정확하게 말하기

주요표현

01 我们同岁啊！

wǒmen tóng suì a

우리 동갑이야!

核心句 핵심문장

01 认识你，很高兴。

rènshi nǐ hěn gāoxìng

너를 알게 되어 아주 기뻐.

02 我现在读大二。

wǒ xiànzài dú dà èr

나는 현재 대학교 2학년 재학중이야!

03 我今年二十一岁了，属龙的。

wǒ jīnián èrshí yī suì le, shǔ lóng de

나는 올해 스물한 살이고 용띠야!

04 真巧，我们同岁啊!

zhēnqiǎo, wǒmen tóngsuì a

공교롭게도 우린 동갑이네!

05 我是2001年8月18号出生的。

wǒ shì èr líng líng yī nián bāyuè shíbā hào chūshēng de

나는 2001년도 8월 18일에 태어났어.

상황대화

01 学妹

xué mèi 여자 후배

	nǐhǎo!　zhūlì!
京秀	你好! 珠莉!
	nǐhǎo!　nǐ shì—
珠莉	你好! 你是—
	wǒ jiào lǐjīngxiù. "běijīng" de "jīng", "yōuxiù" de "xiù"
京秀	我叫李京秀。"北京"的"京", "优秀"的"秀"。
	rènshi nǐ hěn gāoxìng, nǐ dà jǐ le?
珠莉	认识你, 很高兴。你大几了?
	wǒ dàsān le, shì jīngyíngxì de
京秀	我大三了, 是经营系的。
	wǒ xiànzài dú dàèr, nǐshì wǒde xuézhǎng a!
珠莉	我现在读大二。你是我的学长啊!

TIP

你是— / 您是—

'你(您)是谁?(누구세요?)'의 의미로 상대방을 모르는 경우 쓰는 의문문이다.

zhēnde ma? nǐ jīnnián duō dà le?

京秀　真的吗? 你今年多大了?

wǒ jīnián èrshí yī suì le, shǔ lóng de

珠莉　我今年二十一岁了, 属龙的。

zhēnqiǎo, wǒmen tóngsuì a

京秀　真巧, 我们同岁啊!

nǐ shēngrì shì shénme shíhou?

珠莉　你的生日是什么时候?

wǒ shì èr líng líng yī nián bāyuè shíbā hào chūshēng de, nǐne?

京秀　我是2001年8月18号出生的。你呢?

wǒ shì shí èr yuè dōngtiān chūshēng de

珠莉　我是12月冬天出生的。

핵심어휘

学妹	xuémèi	명 여자 후배
叫	jiào	동 ~라고 부르다, 불리다
优秀	yōuxiù	형 우수하다, 뛰어나다
认识	rènshi	동 알다, 인식하다
高兴	gāoxìng	형,동 기뻐하다, 즐거워하다
大几	dàjǐ	명 몇 학년
大三	dàsān	명 대학교 3학년(大学三年级의 약칭)
经营系	jīngyíngxì	명 경영학과
读	dú	동 공부하다, 학교를 다니다
学长	xuézhǎng	명 남자 선배
多(大)	duō(dà)	의 얼마나
今年	jīnnián	명 올해
~岁	suì	양 ~살
属	shǔ	동 띠, ~에 속하다
龙	lóng	명 용
真巧	zhēnqiǎo	형 교묘하다, 공교롭다
同岁	tóngsuì	명 동갑
出生	chūshēng	동 태어나다
冬天	dōngtiān	명 겨울

문형심화

문법다지기

학교에서 선후배에 대한 호칭

学长 xuézhǎng / 师兄 shīxiōng	학교 남자 선배
学姐 xuéjiě / 师姐 shījiě	학교 여자 선배
学妹 xuémèi / 师妹 shīmèi	학교 여자 후배
学弟 xuédì / 师弟 shīdì	학교 남자 후배

* 대신 우리말로의 선배, 후배의 '前辈 qiánbèi'나 '后辈 hòubèi'는 중국어에서는 공통적인 전문분야에서 나이나 직위가 높은 사람에게 사용한다는 점을 구분할 필요가 있다.

학년을 물을 때

几年级? jǐ nián jí 몇 학년이에요?

大学几年级→大几了? dà jǐ le? 대학교 몇 학년이에요?

一年级 → 大学一年级 → 大一 대학교 1학년
二年级 → 大学二年级 → 大二 대학교 2학년
三年级 → 大学三年级 → 大三 대학교 3학년
四年级 → 大学四年级 → 大四 대학교 4학년

보기

나는 지금 대학교 2학년이야 我现在大二。

나는 지금 대학교 2학년 다니고 있어 我现在读大二。

나이를 물을 때

나이에 따라서 나이를 묻는 표현이 다르기 때문에 정확한 표현을 알아둘 필요가 있다.

*** 10세 이상의 사람에게 나이를 물을 때**

她多大? tā duō dà? 그녀는 몇 살입니까?

*** 10세 이하의 아이들의 나이를 물을 때**

她几岁? tā jǐ suì? 그녀(아이)는 몇 살입니까?

*** 중년 이상의 사람에게 나이를 물을 때**

'연세가 어떻게 되십니까?'의 표현은 '她多大年纪? tā duōdà niánjì' 또는 '您高寿? nín gāoshòu' 라고 묻는다.

사람의 띠에 대해서 물어볼 때

十二生肖 [shēngxiāo] 십이지신

属相[shǔxiàng] 띠

你属什么? 무슨 띠예요?

nǐ shǔ shénme?

你的属相是什么? 띠가 무엇인가요?

nǐde shǔxiàng shì shénme?

02 家人

jiā rén 가족

xuézhǎng, nǐ jiā yǒu jǐ kǒurén?

珠莉　学长, 你家有几口人?

wǒ jiā yǒu sì kǒurén, bàba, māma, jiějie hé wǒ

京秀　我家有四口人，爸爸、妈妈、姐姐和我。

nǐ jiějie zuò shénme gōngzuò?

珠莉　你姐姐做什么工作?

wǒ jiějie shì kōngjiě, zài jīchǎng gōngzuò

京秀　我姐姐是空姐，在机场工作。

wā! hǎo xiànmù a! tā jiéhūn le ma?

珠莉　哇! 好羡慕啊! 她结婚了吗?

yǐjīng jiéhūn le,　yǒu yíge nǚér,　jīnnián sānsuì le

京秀　已经结婚了，有一个女儿，今年3岁了。

wǒ méiyǒu jiějie,　zhǐyǒu yíge gēge

珠莉　我没有姐姐，只有一个哥哥。

nǐ gēge zài shénme dìfāng gōngzuò?

京秀　你哥哥在什么地方工作?

tāzài 'sānxīng' gōngsī de yíngxiāobù gōngzuò

珠莉　他在'三星'公司的营销部工作。

dà gōngsī a! nǐ gēge jiéhūn le ma?

京秀　大公司啊! 你哥哥结婚了吗?

tā hái méiyǒu nǚpéngyǒu ne!

珠莉　他还没有女朋友呢!

有，只有，还(没)有

有 / 没有 yǒu / méiyǒu 있다 / 없다
还有 háiyǒu 그리고 ~더 있다
还没有 háiméiyǒu 아직도 ~없다
只有 zhǐyǒu 오직 ~만 있다

生词

핵심어휘

家人	jiārén	명 가족
几	jǐ	대 몇, 얼마
口	kǒu	양 식구(식구를 세는 양사)
工作	gōngzuò	명,동 일(하다)
空姐	kōngjiě	명 空中小姐(여승무원)의 약칭
机场	jīchǎng	명 공항, 비행장
羡慕	xiànmù	동 부러워하다, 탐내다
结婚	jiéhūn	동 결혼하다
已经	yǐjīng	부 이미, 벌써
女儿	nǚér	명 딸
只有	zhǐyǒu	동 ~밖에 없다
地方	dìfāng	명 장소, 곳, 부위
公司	gōngsī	명 회사
营销部	yíngxiāobù	명 마케팅부
还	hái	부 아직도, 여전히
女朋友	nǚpéngyǒu	명 여자친구

문형심화

문법다지기

‘的’de가 문장의 맨 끝에 위치할 때

- 강조의 뉘앙스로 쓰인 ‘…的’

예

好的 좋아

是的 맞아

属龙的 용띠야

- ‘是…的’

“是……的”는 어떤 일의 시간, 장소, 방법 혹은 사람(단체)을 강조하고자 할 때 쓰이며 강조되는 부분은 반드시 과거의 일이어야 한다.

예

他是今年3月到北京的。(시간) 그는 올해 3월에 베이징에 온 것이야

这本书是在外文书店买的。(장소) 이 책은 ~에서 산 것이야

教室里的灯不是田中开的，(是)飞龙开的。(사람) 교실의 전등은 ~켠 것이야

대학교 전공(专业 zhuānyè) 명칭

中文系 zhōngwénxì 중어중문학과

英语系 yīngyǔxì 영어과

经济系 jīngjìxì 경제학과

经营系 jīngyíngxì 경영학과

计算机系 jìsuànjīxì 컴퓨터학과

设计系 shèjìxì 디자인학과

艺术系 yìshùxì 예술학과

法律系 fǎlǜxì 법학과

회사 부서 명칭

营销部 yíngxiāobù 마케팅부

总务部 zǒngwùbù 총무부

策划部 cèhuàbù 기획부

人事部 rénshìbù 인사부

营业部 yíngyèbù 영업부

그림보고 말하기

몸풀기

본인에 대해 간단히 소개하면서 워밍업하는 부분으로 자신감 있게 큰소리로, 정확한 발음과 성조로 말한다.

알아두기

TSC 시험에서 제1부분은 '自我介绍(자기소개)' 부분으로 4문제가 출제된다. 문제 내용은 응시자의 나이, 생년월일, 가족, 학교(직업)에 관한 문제이다. 고정된 문제이므로 유창하게 대답이 나오도록 연습할 필요가 있다.

问题 1　你叫什么名字? 당신의 이름은 무엇입니까?

nǐ jiào shénme míngzi?

TIP

이름에 어떤 뜻의 글자를 사용하는지도 함께 정확하게 말하는 게 필요하다. 한자를 설명하기 위해서는 쉬운 단어나 모두 다 아는 사람의 이름이나 서명, 지명 등을 이용하여 말하는 것이 좋다.

쉬운 단어 예 :

* 美　美丽的美('아름답다'의 미)
* 善　善良的善('착할' 선)

지명 예 :

* 韩　韩国的韩('한국'의 한)
* 日　日本的日('일본'의 일)

答 : ______________________________

问题 2 请说出你的出生年月日。 당신의 생년월일을 말해주세요.

qǐng shuōchū nǐ de chūshēng nián yuè rì

TIP 출생연도를 말하고 이어서 나이를 말하면 된다.
연도는 숫자를 하나하나씩 말하면 된다.

예를 들면
1995년 一九九五年 yī jiǔ jiǔ wǔ nián

숫자를 유창하게 말할 수 있게 많이 연습하자!

答 : ____ (是~出生的)

问题 3 你家有几口人? 당신의 가족은 몇 명입니까?

nǐ jiā yǒu jǐ kǒurén?

TIP 식구 수와 가족 구성원 중 어느 것을 먼저 말해도 상관없다.

答 : ____

问题 4 你在哪个学校上学? 당신은 어느 학교에 다닙니까?

nǐ zài nǎge xuéxiào shàngxué?

학교명칭을 말하고 이어서
학년을 말하면 된다.

上学 shàngxué 학교를 다니다

答 : ____________________

대학교 명칭 읽기

祥明大学(校) xiángmíngdàxué 상명대학교

中国的大学名称 [zhōngguódedàxuémíngchēng]

- 北京大学 běi jīng dà xué
- 清华大学 qīng huá dà xué
- 复旦大学 fù dàn dà xué
- 浙江大学 zhè jiāng dà xué
- 上海交通大学 shànghǎi jiāotōng dàxué
- 人民大学 rén mín dà xué
- 民族大学 mín zú dà xué
- 交通大学 jiāo tōng dà xué
- 石油大学 shí yóu dà xué
- 中国传媒大学 zhōngguó chuánméi dàxué

발음연습

발음 체크하기!

MEMO

轻声(경성) 읽기

名字 míngzì → míngzi

哪个 năgè → năge

羡慕 xiànmù → xiànmu

认识 rènshí → rènshi

我的 wŏde[dí,dì]

我们 wŏmen[mén]

什么时候 shénme shíhou[hòu]

낙빈왕 (骆宾王, 638~684)

당나라 초기의 시인. 그의 직위가 왕(王)이 아니고 성이 낙, 이름이 빈왕이다. 이 시는 시인이 일곱 살 때 지은 시이다.

咏 鹅
yǒng é

[唐] 骆宾王

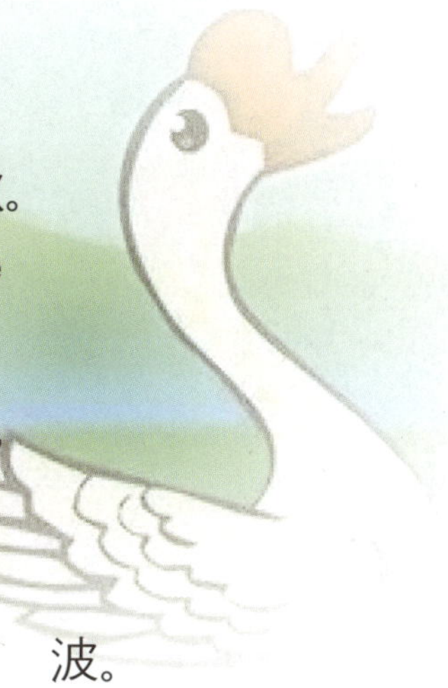

鹅，鹅，鹅，
é, é, é

曲 项 向 天 歌。
qǔ xiàng xiàng tiān gē

白 毛 浮 绿 水，
bái máo fú lǜ shuǐ

红 掌 拨 清 波。
hóng zhǎng bō qīng bō

거위야, 거위야, 거위야
굽은 목이 하늘을 향해 노래를 하네
흰 털은 깊고 맑은 물에서 헤엄을 치고
붉은 발바닥은 맑은 물결을 헤친다

02 号码是多少?

hàomǎ shì duōshǎo

번호가 얼마예요?

학습 목표

- 시간, 날짜에 관한 표현을 익힐 수 있다.
- 번호에 관한 표현을 익힐 수 있다.

학습 내용

♪ 시간에 대해 정확하게 말하기

♪ 날짜를 정확하게 말하기

♪ 번호(숫자)에 대해 정확하게 말하기

주요표현

02 号码是多少?

hàomǎ shì duōshǎo

번호가 얼마예요?

核心句 핵심문장

01 好久不见啊!

hǎojiǔ bú jiàn a

오랜만이야!

02 我从九点到十二点上英语课。

wǒ cóng jiǔdiǎn dào shíèrdiǎn shàng yīngyǔ kè

나는 9시부터 12시까지 영어수업을 해.

03 我在501号教室上课。

wǒ zài wǔlíngyāo hào jiàoshì shàngkè

나는 501호 강의실에서 수업을 해.

04 十二点以后，我们通话喽!

shíèrdiǎn yǐhòu, wǒmen tōnghuà lou

12시 이후, 우리 통화하자!

05 差五分九点，快走吧!

chà wǔfēn jiǔdiǎn, kuài kuài zǒuba!

5분 전 9시야, 빨리 가자!

상황대화

02 号码是多少?

hàomǎ shì duōshǎo 번호가 얼마예요?

zhūlì, nǐ zǎo!
小龙 珠莉，你早!

xiǎolóng, hǎojiǔ bú jiàn a!
珠莉 小龙，好久不见啊!

jīntiān xīngqīwǔ, nǐ yǒu kè ma?
小龙 今天星期五，你有课吗?

yǒu a, wǒ shàngwǔ jiǔdiǎn shàng hànyǔ kè
珠莉 有啊，我上午九点上汉语课。

wǒ cóng jiǔdiǎn dào shíèrdiǎn shàng yīngyǔ kè
小龙 我从九点到十二点上英语课。

nǐ zài jǐhào jiàoshì shàngkè?
珠莉 你在几号教室上课?

wǒ zài wǔlíngyāo hào jiàoshì shàngkè, nǐ ne?
小龙 我在501号教室上课。你呢?

TIP ~에서(부터) ~까지 '从~到~' cóng~dào~

예 从九点到十二点(시간) 9시부터 12시까지
从首尔到釜山(장소) 서울에서 부산까지

wǒ zài yāobālíngbā hào, xiàkè hòu, yìqǐ chīfàn ba

珠莉　我在1808号，下课后，一起吃饭吧。

hǎo a! nǐ yǒu wǒ de xīn shǒujī hàomǎ ma?

小龙　好啊! 你有我的新手机号码吗?

wǒ méiyǒu, nǐ gàosu wǒ ba

珠莉　我没有，你告诉我吧。

língyāolíng-liùliùsìjiǔ-sānwǔèrlíng

小龙　010-6649-3520

nà, shíèrdiǎn yǐhòu, wǒmen tōnghuà lou

珠莉　那，十二点以后，我们通话喽。

hǎo de! wǒ děng nǐ diànhuà

小龙　好的! 我等你电话!

xiànzài jǐdiǎn le? kuài shàngkè le ba?

珠莉　现在几点了? 快上课了吧?

chà wǔfēn jiǔdiǎn, kuài zǒuba! báibai !

小龙　差五分九点。快走吧! 拜拜!

yíhuìr jiàn!

珠莉　一会儿见!

010-6649-3520

TIP

어기조사 '喽lou'는 '了le' 또는 '啦la'와 같이 쓰임

어기조사 '~吧ba'는 건의, 추측, 명령 등을 나타낸다.

'~吧ba?'는 '~이죠?'라는 의미로 이미 알고 있는 내용을 확인하는 의문문으로 사용된다.
어기조사 '~吧ba'는 건의, 추측, 명령 등을 나타낸다.

핵심어휘

好久不见	hǎojiǔbújiàn	오랜만이에요
星期	xīngqī	명 요일
上午	shàngwǔ	명 오전
上(课)	shàng(kè)	동 수업하다
汉语	hànyǔ	명 한어, 중국어
英语(课)	yīngyǔ(kè)	명 영어 수업
点	diǎn	양 ~시
号	hào	양 ~호
教室	jiàoshì	명 교실
下课	xiàkè	동 수업을 마치다
一起	yìqǐ	부 같이
新	xīn	형 새롭다, 새 것의
手机	shǒujī	명 휴대폰
号码	hàomǎ	명 번호
告诉	gàosu	동 말하다, 알리다
以后	yǐhòu	명 ~이후
通话	tōnghuà	동 통화하다
等	děng	동 기다리다
快~了	kuài~le	조 곧~될 것이다
差	chà	동 부족하다, 모자라다
走	zǒu	동 가다
拜拜	bàibai	명 안녕
一会儿	yíhuìr	양 잠시, 잠깐 동안

그림보고 말하기

수량을 물을 때 쓰는 '几'와 '多少'

几 jǐ

- 10 이하의 숫자 일 때 쓸 수 있다. • 几 + 양사 + 명사 **보기** 你有几个包?

多少 duōshǎo

- 수량에 관계없이 쓸 수 있다. • 뒤에 양사가 와도 되고 오지 않아도 된다. **보기** 号码是多少?

우리는 일상생활 속에서 많은 번호들과 만나게 됩니다. 휴대전화 번호, 방 번호, 카드 번호 등 번호들을 익혀 보세요.

问题 1 你的电话号码是多少? 당신의 전화번호는 몇 번입니까?

nǐ de diànhuà hàomǎ shì duōshǎo?

전화번호를 말할 때 숫자 1은 "yāo"로 발음한다.
''010'은 'língyāolímg'으로 발음한다.

答 : ______________________________

问题 2 他的房间号码是多少? 그의 방은 몇 호실입니까?

tā de fángjiān hàomǎ shì duōshǎo?

숫자(방 번호)를 하나씩 읽는다.
숫자 1은 'yāo' 로 발음한다.

答 : ______________________________

问题 3 你的银行卡号是多少? 당신의 은행카드번호는 얼마입니까?

nǐ de yínháng kǎhào shì duōshǎo?

숫자 1은 'yāo' 로 발음한다.

答 : ____________________

问题 4 你的护照号是多少? 당신의 여권번호는 얼마입니까?

nǐ de hùzhàohào shì duōshǎo?

숫자 1은 'yāo' 로 발음한다.

答 : ____________________

시간, 날짜, 요일을 말할 때는 동사 '是'를 넣어도 되고, 넣지 않아도 된다. 따라서 대답을 할 때는 질문한 대로 답변을 하자!

问题 1 现在几点? 지금 몇 시입니까?

xiànzài jǐ diǎn?

TIP 같은 시간도 여러 가지로 표현할 수 있으니, 각각의 표현법을 숙지하도록 연습하자!

예 : 1) 1시 20분 1点20分 yìdiǎn èrshí fēn

2) 1시 20 1点20 yìdiǎn èrshí

3) 10분 전 1시 반 chà shífēn yìdiǎn bàn

* 差 chà 부족하다, 모자라다

특히 10분 이하는 모두 "零"을 넣어 말하도록 연습하자!

예 : 9시 5분 - 九点零五(分) jiǔdiǎn líng wǔfēn

答 : ______________________________

问题 2 你什么时候有课? 당신은 언제 수업이 있습니까?

nǐ shénme shíhou yǒu kè?

TIP 1) 9시에 수업이 있다.
2) 9시부터 12시까지 수업이 있다. 从~到~
3) 9시에 중국어 수업이 있다.

答 : ______________________________

问题 3 你几月几号考试? 그의 방은 몇 호실입니까?

nǐ jǐyuè jǐ hào kǎoshì?

날짜를 말할 때는 '号' 또는 '日'로도 말할 수 있다.

考试 kǎoshì 시험을 치다

答 : ______________________________

问题 4 9月10号是星期几? 9월 10일은 무슨 요일입니까?

jiǔyuè shíhào shì xīngqījǐ?

'星期几, 周几, 礼拜几'는 모두 '무슨 요일'이란 표현이다.

答 : ______________________________

발음연습

발음 체크하기!

MEMO

숫자가 연이어 있을 때

501

1808

010-6649-3520

4성이 연이어 있을 때

2개 이상

教室 jiàoshì　　　上课 shàngkè

3개 이상

一会儿见 yíhuìr jiàn!

你在几号教室上课? nǐ zài jǐhào jiàoshì shàngkè?

다음 문장을 유창하게 읽어보세요.

今天星期五，我从九点到十二点在501教室上课。zhūlì今天九点也有课。她的新手机号码是010-6649-3520。我告诉她十二点以后再通话。下课以后，我们一起吃饭。

MEMO

자신의 중국어회화 수업시간, 요일, 강의실을 말해볼까요?

왕지환 (王之涣, 688~742)

중국 당나라 시인 왕지환이 관작루(鹳雀楼)에 올라 지은 시로 많은 사랑을 받고 있는 시이다. 이 시가 유명한 이유는 바로 마지막 구절인 "한층 더 올라 보네" 때문이다. 이 표현은 '한 층 더 올라간다'는 뜻에서 '더욱더 앞으로 정진한다(更上一层楼)'라는 뜻으로 학습이나 일에 있어서 발전을 기원하거나 또는 좋은 성적, 성과를 목표로 삼을 때 쓸 수 있는 표현이다.

登 鹳 雀 楼
dēng guàn què lóu

[唐] 王之涣

bái rì yī shān jìn
白 日 依 山 尽

huáng hé rù hǎi liú
黄 河 入 海 流

yù qióng qiān lǐ mù
欲 穷 千 里 目

gèng shàng yì céng lóu
更 上 一 层 楼

석양은 서산에 기대어 저물어 가고
황하는 동해 바다로 흘러들어가
더 멀리 천리 밖을 보고 싶어
더 한층 높은 누각으로 올라 보네

03

你在干什么?

nǐ zài gàn shénme ne

당신은 무엇을 하고 있나요?

학습 목표

- 장소, 존재, 동작, 공간에 관한 표현을 익힐 수 있다.

학습 내용

♪ 장소, 존재에 대해 말하기
♪ 동작에 관한 표현을 정확하게 말하기
♪ 공간 및 상황 대화에 대해 말하기

주요표현

03 你在干什么?

nǐ zài gàn shénme ne

당신은 무엇을 하고 있나요?

核心句 핵심문장

01 我正在做汉语作业。

wǒ zhèngzài zuò hànyǔ zuòyè

나는 중국어 숙제를 하고 있는 중이야!

02 我一边看电视一边吃饭。

wǒ yìbiān kàndiànshì yìbiān chīfàn

나는 텔레비전을 보면서 밥을 먹어

03 明天星期六，你打算干什么？

míngtiān xīngqīliù, nǐ dǎsuàn gàn shénme?

내일 토요일인데, 너 뭐 할 계획이야?

04 我有两张电影票，一起去吧!

wǒyǒu liǎngzhāng diànyǐng piào, yìqǐ qù ba!

내가 영화표 두 장 있는데, 같이 가자!

05 我特别喜欢看好莱坞动作片。

wǒ tèbié xǐhuān kàn hǎoláiwū dòngzuòpiàn

나 특히 헐리우드 액션영화 좋아해!

상황대화

03 你在干什么?

nǐ zài gàn shénme ne 당신은 무엇을 하고 있나요?

wéi, shànyīng, nǐ zài xuéxiào ma?
小龙 喂, 善英, 你在学校吗?

bù, wǒ zài sùshè ne!
善英 不, 我在宿舍呢!

nǐ zài sùshè gàn shénme ne?
小龙 你在宿舍干什么呢?

wǒ zhèngzài zuò hànyǔ zuòyè
善英 我正在做汉语作业。你干什么呢?

wǒ yìbiān kàndiànshì yìbiān chīfàn, nǐ chī wǎnfan le ma?
小龙 我一边看电视一边吃饭。你吃晚饭了吗?

wǒ chīle jīdàn chǎofàn, nǐ zhǎowǒ yǒu shìr ma?
善英 我吃了鸡蛋炒饭, 你找我有事儿吗?

TIP

* 在, 正在 zài, zhènegzài

"在, 正在" ~을 하고 있다. ~하고 있는 중이다. 동사 앞에 동작이 진행되고 있음을 나타낸다.

※ 이렇게 진행형을 말할 때는 문장 끝에 "了"나 "过"를 넣지 않도록 주의해야 한다!

míngtiān xīngqīliù, nǐ dǎsuàn gàn shénme?

小龙　明天星期六，你打算干什么？

zhōumò, wǒ méiyǒu shénme jìhuà

善英　周末，我没有什么计划。

zhènghǎo, wǒyǒu liǎngzhāng diànyǐng piào, yìqǐ qù ba!

小龙　正好，我有两张电影票，一起去吧!

tài hǎo le, wǒ hǎojiǔ méiyǒu kàn diànyǐng le

善英　太好了，我好久没有看电影了。

nǐ xǐhuān kàn dòngzuò piàn ma?

小龙　你喜欢看动作片吗?

wǒ tèbié xǐhuān kàn hǎoláiwū dòngzuòpiàn

善英　我特别喜欢看好莱坞动作片。

nà, míngtiān wǎnshang qīdiǎn, wǒ zài sùshè ménkǒu děng nǐ

小龙　那，明晚七点，我在电影院门口等你。

hǎo de, míngtiān wǎnshang qīdiǎn jiàn!

善英　好的，明天晚上七点见!

生 词

핵심어휘

(正)在	(zhèng)zài	~하고 있는 중이다
学校	xuéxiào	명 학교
宿舍	sùshè	명 기숙사
干	gàn	동 ~을 하다
做	zuò	동 ~을 하다
作业	zuòyè	명 숙제
电视	diànshì	명 텔레비전
吃饭	chīfàn	동 밥을 먹다
鸡蛋	jīdàn	명 계란
炒饭	chǎofàn	명 볶음밥
找	zhǎo	동 찾다
事(儿)	shì(r)	명 일
打算	dǎsuàn	명,동 계획하다
周末	zhōumò	명 주말
计划	jìhuà	명,동 계획
正好	zhènghǎo	부 마침, 공교롭게도
~张	zhāng	양 ~장
电影票	diànyǐngpiào	명 영화표
好久	hǎojiǔ	명 오랫동안
好莱坞	hǎoláiwū	명 헐리우드
动作片	dòngzuòpiàn	명 액션영화
电影院	diànyǐngyuàn	명 영화관
门口	ménkǒu	명 문 입구

문형심화

문법다지기

'하다'의 의미를 가진 '干gàn'와 '做zuò'의 차이점

干gàn	구체적이지 않고 광범위하게 물을 때 구어체로 사용(긍정, 부정 다 사용)	예 干什么? 뭐 해? 谁干的? 누가 한거야?
做zuò	구체적인 행위를 묻거나 말할 때 서면어로 정식적인 표현	예 做什么? 뭐 해? 做作业。숙제를 해!

了 le

지난 사실을 진술할 때	※ 보기 吃了晚饭。밥을 먹었어

一边~ 一边~ yìbiān~ yìbiān~

'…一边…一边' ~하면서 ~하다 동시에 두 가지 동작을 표현한다.	※ 보기 一边看电视一边吃饭呢。 TV를 보면서 밥을 먹고 있어

장소(场所)명사

어느 장소에 어떤 사물, 또는 사람의 유무에 관한 질문에 대답하려면 장소명사를 많이 아는 것이 유리하다. 자주 사용하는 장소명사를 반드시 외우도록 합시다.

- 학습	- 일상생활
学校 xuéxiào 학교	商店 shangdian 상점
教室 jiàoshì 교실	书店 shūdiàn 서점
图书馆 túshūguǎn 도서관	银行 yínháng 은행
运动场 yùndòngchǎng 운동장	饭店 fandian 식당
办公室 bàngōngshì 사무실	医院 yīyuàn 병원
学生食堂 xuéshēng shítáng 식당	咖啡厅 kāfēitīng 커피숍
学生宿舍 xuéshēng sùshè 학생 기숙사	电影院 diànyǐngyuàn 영화관

말하기 연습

장소, 존재, 방향에 관한 문제

구체적인 장소에 대해 말하자!

问题 1 喂，小王，你在家吗？ 여보세요, 샤오왕, 너 집에 있니?

wéi, xiǎowáng, nǐ zài jiā ma?

TIP 문제 1, 2는 모두 그림과 다른 동작에 관한 문제이다. 이럴 땐 먼저 '不', '不是'라고 말하고 그림에 맞는 동작에 대한 설명을 하면 된다.

食堂 shítáng / 餐厅 cāntīng 식당

答：

问题 2 你在宿舍吗？ 당신은 기숙사에 있어?

nǐ zài sùshè ma?

答：

问题 3 学生们在哪儿? 학생들은 어디에 있나요?

xueshengmen zài nar?

答 :

问题 4 他们在哪儿? 어디에 있나요?

tāmen zài nǎr?

答 :

동작에 관한 표현을 연습하자!

问题 1 她在干什么? 그녀는 무엇을 하나요?

tā zài gàn shénme?

현재 무엇을 하고 있는지를 묻는 문제이다.
동작이 진행되고 있음을 나타내는 '在'나 '正在'를 사용하자!

画画儿 huàhuàr 그림을 그리다

答 : ______________________________

问题 2 她在厨房干什么? 그녀는 주방에서 무엇을 하나요?

tā zài chúfáng gàn shénme?

현재 무엇을 하고 있는지를 묻는 문제이다.
동작이 진행되고 있음을 나타내는 '在'나 '正在'를 사용하자!

厨房 chúfáng 주방
做菜 zuòcài 요리하다

答 : ______________________________

问题 3　他们在干什么? 그들은 무엇을 하나요?

tāmen zài gàn shénme?

TIP 현재 무엇을 하고 있는지를 묻는 문제이다.
동작이 진행되고 있음을 나타내는 '在'나 '正在'를 사용하자!

动画片 dòng huà piàn 애니메이션

答 : ____________________

问题 4　她在干什么? 그녀는 무엇을 하나요?

tā zài gàn shénme?

TIP 현재 무엇을 하고 있는지를 묻는 문제이다.
동작이 진행되고 있음을 나타내는 '在'나 '正在'를 사용하자!

跑步 pǎobù 달리다

答 : ____________________

공간에 대해 표현하자!

问题 1 盒子里(边)有什么? 박스에는 무엇이 있나요?

hézi lǐ yǒu shénme?

TIP

盒子+里는 박스+안(방위사)
여기서 신발은 양사 '一双'을 사용하도록 한다.

答 : ______________________________

问题 2 教室里(边)有什么? 교실에는 무엇이 있나요?

jiàoshì lǐ yǒu shénme?

TIP

'教室+里'는 교실+안(방위사) 이 문제는 어디에 무엇이 있는지를 묻는 문제이다. 대답할 때 '在 + 장소명사 + 방위사' 순서로 대답할 수 있다. 여기서 책상, 의자, 텔레비전 등은 꼭 양사 '一张, 一把, 一台'와 같이 사용하도록 한다.

※ 张 zhāng 평면이나 평면이 있는 물체에 사용한다.
  펼칠 수 있는 물건에 사용한다.
※ 把 bǎ 손으로 될 수 있는 물건을 셀 때 사용한다.
※ 台 tái 기계를 셀 때 사용한다.

答 : ______________________________

상황 대화를 연습하자!

问题 1 周日，我们一起去看电影吧! 일요일에 우리 같이 영화 보러 가요!

zhōurì, wǒmen yìqǐ qù kàn diànyǐng ba!

TIP 자신이 이 상황에 처해있다고 생각하고 바로 앞에 있는 사람과 대화를 나누듯이 자연스럽게 대답을 한다.

答 : ______________________

问题 2 下课以后，我们一起吃饭吧! 수업 마치고 우리 같이 밥 먹자!

xiake yihou, wǒmen yìqǐ chifan ba!

TIP 자신이 이 상황에 처해있다고 생각하고 바로 앞에 있는 사람과 대화를 나누듯이 자연스럽게 대답을 한다.

答 : ______________________

발음연습

다음 문장을 유창하게 읽어보세요.

晚上，我正在宿舍做汉语作业呢，xiǎolóng 打来电话。我问他干什么呢，他说，他一边看电视一边吃饭呢。xiǎolóng 有两张电影票，我都好久没有看电影了，我特别喜欢看动作片。正好，星期六我有空，我们打算一起去看电影。

MEMO

당신은 주말에 어디에서 무엇을 하나요? 말해볼까요?

MEMO

이백(李白, 701~762)

자(字)가 태백(太白)이고 호는 청련거사(青莲居士)이며, 시선(诗仙)이라고도 한다. 두보와 함께 중국 성당기의 대표적인 시인으로 일컬어지며, 시의 작풍은 호방하고 비범한 풍격에 상상력이 풍부하며 낭만적인 색채가 넘친다.

静 夜 思
jìng yè sī

[唐] 李白

床 前 明 月 光
chuáng qián míng yuè guāng

疑 是 地 上 霜
yí shì dì shàng shuāng

举 头 望 明 月
jǔ tóu wàng míng yuè

低 头 思 故 乡
dī tóu sī gù xiāng

침상 앞 달빛을 바라보니
땅 위에 내린 서리인 듯 하네.
머리를 들어 산 위 달을 쳐다보고
고개 숙여 고향을 생각하네.

04

明洞怎么走?

míngdòng zěnme zǒu?

명동에 어떻게 가요?

학습 목표

- 출발지, 목적지, 버스노선, 지하철 노선, 거리와 방향에 관한 표현을 익힐 수 있다.

학습 내용

♪ 출발지, 목적지에 대해 정확하게 말하기
♪ 버스노선, 지하철 노선을 정확하게 말하기
♪ 거리, 방향에 대해 정확하게 말하기

주요표현

04 明洞怎么走?

míngdòng zěnme zǒu?

명동에 어떻게 가요?

核心句 핵심문장

01 去明洞站怎么走？坐地铁吗？

qù míngdòng zhàn zěnme zǒu? zuò dìtiě ma?

명동역 어떻게 가? 지하철 타?

02 你坐120路公交车吧，坐3站就行。

nǐ zuò yìbǎièrshí lù gōngjiāochē ba, zuò sānzhàn jiùxíng

120번 버스 타, 세 정거장이면 돼.

03 一直往前走，有个便利店，旁边就是。

yìzhí wǎng qián zǒu, yǒu ge biànlìdiàn, pángbiān jiù shì

앞으로 쭉 가다가 편의점이 하나 있어, 그 옆에 바로 있어.

04 不太远，大概走100米就到了。

bú tài yuǎn, dàgài zǒu yìbǎi mǐ jiù dào le

그다지 멀지 않아, 약 100미터 정도 가면 바로 도착해.

상황대화

04 明洞怎么走?

míngdòng zěnme zǒu? 명동에 어떻게 가요?

zhūlì, nǐ cháng qù míngdòng ma?
京秀　珠莉，你常去明洞吗?

shì a, wǒ cháng hé nánpéngyǒu qù míngdòng wánr
珠莉　是啊，我常和男朋友去明洞玩儿。

qù míngdòng zhàn zěnme zǒu? zuò dìtiě ma?
京秀　去明洞站怎么走? 坐地铁吗?

bù, nǐ zuò yìbǎièrshí lù gōngjiāochē ba, zuò sānzhàn jiùxíng
珠莉　不，你坐120路公交车吧，坐3站就行。

zhēn fāngbiàn, yìbǎièrshí lù chēzhàn zài nǎr?
京秀　真方便，120路车站在哪儿?

yìzhí wǎng qián zǒu, yǒu ge biànlìdiàn, pángbiān jiù shì
珠莉　一直往前走，有个便利店，旁边就是。

TIP

▸ '往 wǎng'은 '쪽으로'라는 뜻으로 동작의 방향을 나타낸다.

보기
一直往+前(방위사)+走。yìzhí wǎng qiánzǒu 쭉(곧장) 앞으로 가다.

biànlìdiàn lí zhèr yuǎn ma?

京秀　便利店离这儿远吗?

bú tài yuǎn, dàgài zǒu yìbǎi mǐ jiù dào le

珠莉　不太远，大概走100米就到了。

zhīdào le, xièxie nǐ!

京秀　知道了，谢谢你!

bú kèqi! wǒ yě qù chēzhàn, wǒmen shùnlù

珠莉　不客气! 我也去车站，我们顺路。

tài hǎo le! yìqǐ zǒu ba

京秀　太好了! 一起走吧。

TIP

▸ '离'는 '~로부터', '~에서'라는 뜻으로 거리가 어떤 기준점으로부터 떨어져 있음을 나타낸다.

핵심어휘

明洞	míngdòng	명 명동
玩儿	wánr	동 놀다
常	cháng	부 항상, 늘
去	qù	동 가다
男朋友	nánpéngyǒu	명 남자친구
怎么	zěnme	대 어떻게
走	zǒu	동 가다, 걷다
坐	zuò	동 타다
地铁	dìtiě	명 지하철
方便	fāngbiàn	형 편리하다
~路	~lù	양 노선
公交车	gōngjiāochē	명 시내버스
站	zhàn	명 정거장
行	xíng	동 ~수 있다, 가능하다
车站	chēzhàn	명 정류장
一直	yìzhí	부 계속, 곧장
往	wǎng	전,동 ~로, 쪽으로
前	qián	방 앞
便利店	biànlìdiàn	명 편의점
旁边	pángbiān	방 옆
就是	jiùshì	동 바로 ~이다
离	lí	개 ~로부터
远	yuǎn	형 멀다
大概	dàgài	형,부 대략, 대체로
米	mǐ	양 미터
到	dào	동 도착하다
客气	kèqi	형,동 천만에요
顺路	shùnlù	명 같은 방향

문법다지기

怎么走? zěnmezǒu '어떻게 갑니까?'라는 뜻으로 가는 방향을 물을 때 사용한다.

보기 明洞站怎么走? 명동역에 어떻게 갑니까?

'가다'의 의미를 가진 '走zǒu'와 '去qù'의 차이점

走zǒu	어떤 방향으로 가야 하는지 물어볼 때	예 어떻게 가?
	어떤 행위를 하다가, 그 장소를 떠날 때	예 이제 가자!
	머물던 장소를 떠나는 행위를 나타날 때	예 이제 가야겠어!
	멈춰 있다가 출발 또는 떠남을 나타날 때	예 기차가 떠났어!
去qù	구체적인 (목적지)에 갈 때	예 베이징에 언제 가?
	둘 다 목적지를 알고 있을 때	예 우리 도서관 가자!
	어떤 '교통수단'을 물어볼 때	예 어떻게 학교 가?

坐 zuò 타다

▸ '坐'는 '(교통수단)타다'라는 뜻으로 지하철, 버스, 기차 등 일반적인 교통수단을 탈 때 사용한다. 단 자전거를 탈 때는 '骑qí'를 사용한다.

보기

坐58路巴士	58번 시내버스를 타다	**zuò** wǔshíbā lù bā shì (公交车 gōng jiāo chē)
坐一号线地铁	지하철 1호선을 타다	**zuò** yī hào xiàn dì tiě
坐T58次火(列)车	T58편 기차(열차)를 타다	**zuò** T58 cì huǒ (liè)chē
坐OZ345次航班(飞机)	OZ345편 비행기(항공편)를 타다	**zuò** OZ345cì háng bān(fēi jī)

※ 骑自行车 qí zì xíng chē　자전거를 타다.

그림보고 말하기

버스노선에 대해

问题 1　你坐几路车上学? 당신은 몇 번 버스를 타고 학교에 가나요?

nǐ zuò jǐ lù chē shàng xué?

두 자리 숫자 버스의 번호를 말할 때에는 숫자를 하나하나씩 말하면 안 되고 숫자를 세는 법으로 읽어야 한다. 58번 버스의 경우 '58+路' '五十八路'로 말한다.

答 : ______________________________

问题 2　你坐几路车回家? 당신은 몇 번 버스를 타고 집에 가나요?

nǐ zuò jǐ lù chē huí jiā?

세 자리 숫자 버스의 경우 '780번'은 '七百八十路'로 말한다.

答 : ______________________________

지하철노선에 대해

자주 사용하는 방위사	~边(儿) biān(r)
◦ 旁边儿 pángbiānr 옆쪽 ◦ 前边儿 qiánbiānr 앞쪽 ◦ 后边儿 hòubiānr 뒤쪽 ◦ 左边儿 zuǒbiānr 왼쪽 ◦ 右边儿 yòubiānr 오른쪽	◦ 东边儿 dōngbiānr 동쪽 ◦ 西边儿 xībiānr 서쪽 ◦ 南边儿 nánbiānr 남쪽 ◦ 北边儿 běibiānr 북쪽 ◦ 对面 duìmiàn 맞은 편

问题 1 你坐几号线地铁上学? 당신은 몇 번 버스를 타고 학교에 가나요?

nǐ zuò jǐ lù chē shàngxué?

지하철 3호선일 경우 '三号线'으로 말한다.

答 : ______________________________

问题 2 请问, 去明洞站怎么走? 말씀 좀 여쭐게요. 명동역까지 어떻게 가나요?

qǐngwèn, qù míngdòng zhàn zěnme zǒu?

'~호선을 타세요'라고 말한다.
여유가 있으면 '그리 멀지 않아요' 또는 '3정거장 타면 도착해요'라고 구체적으로 대답해 보세요.

答 : ______________________________

방위에 대해

问题 1　食堂在哪儿? 식당은 어디에 있어요?

shítáng zài nǎr?

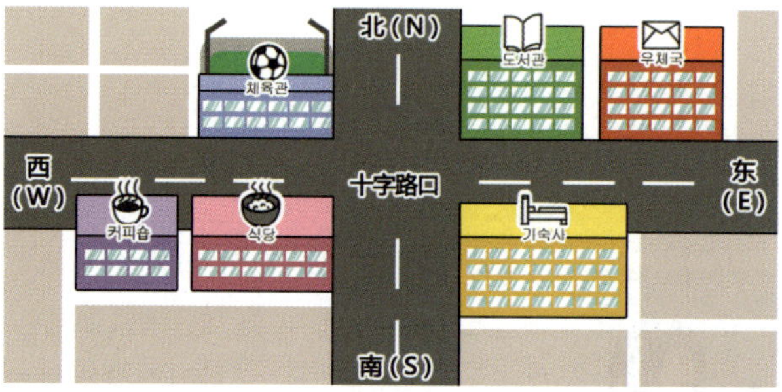

答 : ______________________________

问题 2　百货商店在哪儿? 백화점은 어디에 있어요?

bǎihuò shāngdiàn zài nǎr?

방향을 나타내는 방위사 옆(旁边儿), 외쪽(左边儿), 오른쪽(右边儿), 맞은편(对面) 등으로 말한다. 예를 들면 '백화점은 영화관 옆에 있다'를 '百货商店在电影院的旁边儿'로 말한다.

答 : ______________________________

거리에 대해

问题 1 医院离学校多远? 병원은 학교에서 얼마나 먼가요?

yīyuàn lí xuéxiào duō yuǎn?

TIP 어느 한 지점을 기준으로 '어디까지 거리가 떨어져 있다'를 말할 때 보통 '离'를 사용한다. '200m'는 '二百米' 혹은 '两百米'로 말할 수 있다.

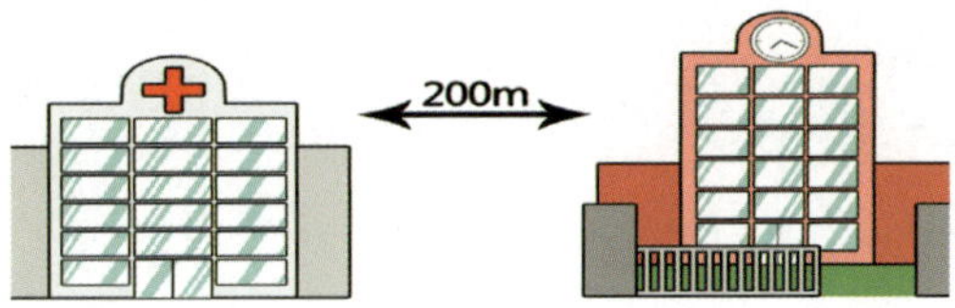

答 : ______________________

'二èr'과 '两liǎng'의 차이점

二 èr	两 liǎng
☞ 10앞에 예 12, 20	☞ 양사 앞에 ☞ 백, 천, 만, 억에는 보통 (단 백에만 二, 两 모두 가능)
2002년 èr líng líng èr nián 2월 èr yuè 2일 èr hào 2층 èr céng 2번 버스 èr lù 2호선 èr hào xiàn 두 번째 dì èr	2년 liǎng nián 두 달 liǎngge yuè 이틀 liǎng tiān 두 시(간) liǎng diǎn 2분 liǎng fēn 2미터 liǎng mǐ 2만 2천 liǎngwàn liǎngqiān 2위안 liǎng kuài

MEMO

두목 (杜牧, 803년~852년)

당 나라 때 관리이자 시인이고, 산문가이다.
생동감 있는 7언시의 율시와 절구에 뛰어났으며, 가장 뛰어난 시인으로 두보와 비견해 '소두(小杜)'라고 불린다.

清　明
qīng　míng

[唐] 杜牧

清 明 时 节 雨 纷 纷,
qīng míng shí jié yǔ fēn fēn

路 上 行 人 欲 断 魂。
lù shàng xíng rén yù duàn hún

借 问 酒 家 何 处 有?
jiè wèn jiǔ jiā hé chù yǒu

牧 童 遥 指 杏 花 村。
mù tóng yáo zhǐ xìng huā cūn

청명 시절에 비가 어지럽게 내리니
길가는 나그네의 넋이 나가네
술집이 어디에 있냐고 물으니
목동은 멀리 살구꽃 핀 마을을 가리키네

05

小心感冒

xiǎoxīn gǎnmào

감기 조심해

학습 목표

- 날씨, 계절, 건강에 관한 표현을 익힐 수 있다.

학습 내용

♪ 날씨, 계절에 대해 정확하게 말하기
♪ 몸이 아프거나 불편할 때에 대해 정확하게 묻거나 대답하기
♪ 친구를 걱정하거나 안부에 대해 표현하기

주요표현

05 小心感冒

xiǎoxīn gǎnmào

감기 조심해

核心句 핵심문장

01 天气预报说，今天会下雨。

tiānqì yùbào shuō, jīntiān huì xiàyǔ

일기 예보에 따르면 오늘 비 온대.

02 我们多穿一点儿衣服吧! 小心感冒!

wǒmen duō chuān yìdiǎnr yīfu ba! xiǎoxīn gǎnmào!

우리 옷을 좀 많이 껴입자, 감기 조심해!

03 头疼、 发烧、 浑身没有力气。

tóuténg, fāshāo, húnshēn méiyǒu lìqì

머리가 아프고, 열이 나고, 온 몸에 힘이 없어.

04 春天干燥，你要多喝水多吃水果啊!

chūntiān gānzào, nǐ yào duō hēshuǐ duō chī shuǐguǒ a!

봄이 건조해, 너 물도 많이 마시고 과일도 많이 먹어야 해!

상황대화

01 会下雨

huì xià yǔ 비가 올 거야

zhūlì, jīntiān tiānqì zěnmeyàng?
善英　珠莉，今天天气怎么样？

jīntiān hěn yīn, wàimiàn hái guāfēng ne
珠莉　今天很阴，外面还刮风呢！

nà,　jīntiān xiàyǔ ma?
善英　那，今天下雨吗？

tiānqì yùbào shuō, jīntiān huì xiàyǔ
珠莉　天气预报说，今天会下雨。

jīntiān qìwēn duōshǎo dù? lěng ma?
善英　今天气温多少度？冷吗？

jīntiān qìwēn língshàng bādù, bǐ zuótiān lěng a
珠莉　今天气温零上8度，比昨天冷啊！

wǒmen duō chuān yìdiǎnr yīfu ba! xiǎoxīn gǎnmào!

善英　我们多穿一点儿衣服吧! 小心感冒!

hǎode, wǒ zài chuān yíjiàn jiákè, háiyào dài yǔsǎn

珠莉　好的，我再穿一件夹克，还要带雨伞。

míngtiān yě guāfēng xiàyǔ ma?

善英　明天也刮风下雨吗?

tiānqì yùbào shuō, míngtiān tiānqì hěn qínglǎng

珠莉　天气预报说，明天天气很晴朗!

chūntiān de tiānqì zhēnshì xǐnù wúcháng a!

善英　春天的天气真是喜怒无常啊!

shìde, wǒmen kuài zǒuba! yào shàngkè le

珠莉　是的，我们快走吧! 要上课了。

핵심어휘

天气	tiānqì	명 날씨
天气预报	tiānqìyùbào	명 일기 예보
阴	yīn	형 흐리다(흐린)
外面	wàimiàn	명 바깥
还	hái	부 게다가
刮风	guāfēng	동 바람이 불다
会	huì	조동 ~할 수 있다, ~할 것이다
下雨	xiàyǔ	동 비가 오다
气温	qìwēn	명 기온
度	dù	명 도
冷	lěng	형 춥다
比	bǐ	~보다
多	duō	형 많다(많이)
穿	chuān	동 입다
衣服	yīfu	명 옷
感冒	gǎnmào	명동 감기, 감기에 걸리다
(一)件	(yí)jiàn	양 (한) 벌
夹克	jiákè	명 재킷
要	yào	조동 ~하려 한다
带	dài	동 휴대하다
雨伞	yǔsǎn	명 우산
春天	chūntiān	명 봄
晴朗	qínglǎng	형 화창하다
真	zhēn	부 정말
喜怒无常	xǐnù wúcháng	형 변덕스럽다
迟到	chídào	동 지각하다

02 感冒

gǎn mào 감기

zhūlì, xiǎolóng lái kàn nǐ le

善英　珠莉，小龙来看你了。

xiǎolóng, xièxie nǐ lái kàn wǒ!

珠莉　小龙，谢谢你来看我!

tīngshuō nǐ gǎnmào le, xiànzài gǎnjué zěnmeyàng?

小龙　听说你感冒了，现在感觉怎么样?

tóuténg, fāshāo, húnshēn méiyǒu lìqì

珠莉　头疼、发烧、浑身没有力气。

jīntiān nǐ méilái shàngkè, xiǎolóng hěn dānxīn

善英　今天你没来上课，小龙很担心!

zuótiān xiàyǔ, tiānqì tèbié lěng, bùxiǎoxīn zháoliáng le

珠莉　昨天下雨，天气特别冷，不小心着凉了。

nǐ hái fāshāo ne, wǒmen péinǐ qù yīyuàn ba

小龙　你还发烧呢，我们陪你去医院吧。

TIP

'陪 péi'는 '같이 가죠'라는 표현을 할 때 '陪'를 자주 쓴다. 이는 보통 동년배나 연장자에게 하는 말이다.

búyòng dānxīn, wǒ yǐjīng chīyào le

珠莉　不用担心! 我已经吃药了。

chūntiān gānzào, nǐ yào duō hēshuǐ duō chī shuǐguǒ a!

善英　春天干燥，你要多喝水多吃水果啊!

sòngnǐ píngguǒ, zhù nǐ píng ān! jiànkāng!

小龙　送你苹果，祝你平安! 健康!

tài xièxie le, wǒ bìng hǎole, qǐng nǐmen hējiu a!

珠莉　太谢谢了! 我病好了，请你们喝酒啊!

hǎolei, nǐ hǎohāor xiūxi ba

小龙　好嘞! 你好好儿休息吧!

TIP

苹果 píngguǒ

祝你平安! zhù nǐ píng ān!

중국에서는 크리스마스 이브를 핑안예(平安夜)라고 부른다. '평안한 밤'이라는 뜻이다. 이는 해음(谐音) 현상으로 사과의 중국어 발음인 핑궈(苹果píngguǒ)의 앞 글자의 ping이라는 발음이 같아 친구, 가족, 연인에게 다음 해의 평안을 기원하는 의미로 사과를 선물한다.

핵심어휘

来	lái	동 오다
看	kàn	동 보다
听说	tīngshuō	명 듣는 바로는
感觉	gǎnjué	명 느낌
怎么样	zěnmeyàng	대 어때?
头疼	tóuténg	동 머리가 아프다
发烧	fāshāo	동 열이 나다
浑身	húnshēn	명 온 몸
力气	lìqì	명 힘
担心	dānxīn	형 걱정하다
用	yòng	동 필요하다
陪	péi	동 동반하다
医院	yīyuàn	명 병원
吃药	chīyào	동 약을 먹다
干燥	gānzào	형 건조하다
水果	shuǐguǒ	명 과일
着凉	zháoliáng	동 감기에 걸리다
买	mǎi	동 사다
苹果	píngguǒ	명 사과
祝	zhù	동 기원하다
平安	píngān	형 평안하다
病	bìng	명,동 병이 나다, 아프다
喝酒	hējiǔ	동 술을 마시다
好好儿	hǎohāor	부 잘, 제대로
休息	xiūxi	동 쉬다

그림보고 말하기

다음 天气(날씨)에 관한 표현을 말해 보세요.

问题 1 今天天气怎么样? 오늘 날씨는 어떻습니까?

jīntiān tiānqì zěnmeyàng?

23℃

晴 / 晴天 오늘 날씨가 어떤지는 보통 '今天很晴' (오늘은 날씨가 맑다)으로 표현한다.

예 今天很晴 / 今天很晴朗。오늘은 아주 맑습니다.

맑다 / 맑은 날
晴qíng / 晴朗qínglǎng / 晴天

答 : ______________________ 很+형용사

问题 2 今天天气怎么样? 오늘 날씨는 어떻습니까?

jīntiān tiānqì zěnmeyàng?

18℃

阴天 오늘 날씨가 어떤지는 보통 '今天是阴天'(오늘은 날씨가 흐리다)으로 표현한다.

예 今天是阴天。오늘은 흐린 날입니다.

阴 / 阴天 yīn / yīntiān 흐리다 / 흐린 날

答 : ______________________ 是+명사

问题 3 今天天气怎么样? 오늘 날씨는 어떻습니까?
jīntiān tiānqì zěnmeyàng?

刮风 guāfēng 바람이 불다

예 今天要刮风。오늘은 바람이 불 겁니다.

答 : ________________________________ (要)+동사

问题 4 今天天气怎么样? 오늘 날씨는 어떻습니까?
jīntiān tiānqì zěnmeyàng?

下雪 xiàxuě 눈이 오다

答 : ________________________________ (要)+동사

다음 계절(季节)과 날씨(天气)에 관한 표현을 말해 보세요.

계절, 날씨를 묘사할 때에는 정도부사 "很", "非常"와 함께 쓰일 수 있다.

问题 1 现在是什么季节? 지금은 무슨 계절입니까?

xiànzài shì shénme jìjié?

春天chūntiān

暖和 nuǎnhuo 따뜻하다

答：________________ 很+형용사

夏天 xiàtiān

热 / 炎热 rè / yánrè (날씨가) 무덥다

答：________________ 很+형용사

秋天 qiūtiān
凉快 liángkuài 시원하다

答 : ______________________________ 很+형용사

冬天 dōngtiān
(寒)冷 (hán)lěng 춥고 차다

答 : ______________________________ 很+형용사

각 계절의 특징을 나타내는 키워드

开花 kāihuā 꽃이 피다
看红叶 kànhóngyè 단풍
游泳 yóuyǒng 수영을 하다
滑雪 huáxuě 스키를 타다

응용하기

날씨, 계절, 기온에 대한 표현

问题 1 今天首尔气温多少度? 오늘 서울의 기온이 몇 도인가요?

jīntiān shǒuěr qìwēn duōshǎo dù?

气温 qìwēn 기온

零上 / 零下língshàng / língxià 영상 / 영하

答 : ______________________________

问题 2 外面在下雨吗? 밖에 비가 내리고 있나요?

wàimiàn xiàyǔ ma?

TIP 먼저 "네", "아니오"라고 답한다.
'今天天气怎么样?'(오늘 날씨가 어떻습니까?)의 문제로도 물을 수 있다.

答 : ______________________________

问题 3 外面在下雪吗? 밖에 눈이 내리고 있나요?

wàimiàn xiàxuě ma?

TIP 먼저 “네”, “아니오”라고 답한다.

答 : ______________________________

问题 4 今天天气怎么样? 오늘 날씨는 어떻습니까?

jīntiān tiānqì zěnmeyàng?

答 : ______________________________

비교문 적용하기 [~比~+형용사]

问题 1 今天比昨天热(冷)吗? 오늘은 어제보다 더워요(추워요)?

jīntiān bǐ zuótiān rè(lěng) ma?

答 : ____________________

TIP

"比" 비교문을 말할 때 형용사 앞에 '很'을 쓸 수 없다.

㊀ 比 '~보다'라는 의미를 가진 개사

두 개의 사물의 특징이나 성질을 비교할 때 사용한다.

보기 今天比昨天冷。오늘은 어제보다 춥다.

㊁ 更

비교문에서 부사를 쓸 경우에는 형용사 앞에 비교부사 '更' 또는 '还'를 써서 표현한다.

보기 今天比昨天更冷。 오늘은 어제보다 더 춥다.

㊂ 一点儿

두 사물간의 차이가 작을 때에는 형용사 뒤에 '一点儿'

보기 今天比昨天冷一点儿。 오늘은 어제보다 조금 춥다.

㊃ 多了

차이가 클 때에는 '多了' '~得多(了)'

보기 今天比昨天冷多了。오늘은 어제보다 훨씬 춥다.

건강(감기)에 관한 표현을 연습하기

问题 1　你感冒了吗? 당신은 감기 걸렸어요?

nǐ gǎnmào le ma?

TIP 먼저 '네', '아니오'라고 답한다.

答：

问题 2　你感觉怎么样? 컨디션이 어때요?

nǐ gǎnjué zěnmeyàng?

TIP 문제 1,2는 똑같이 감기 증상에 대해 대답할 수 있다.

答：

친구를 걱정하는 표현

问题 1 听说你病了，我来看看你。듣자하니, 아프다고 해서 병문안 왔어요.

tīngshuō, nǐ bìng le, wǒ lái kànkan nǐ

TIP 먼저 "너무 고마워", "나 괜찮아", "걱정하지 마" 등 답변 후 "나 약을 먹었어", "잘 쉬면 돼" 등 대답으로 마무리한다.

答 : ______________________________

问题 2 你去医院了吗? 당신은 병원에 갔나요?

nǐ qù yīyuàn le ma?

TIP 먼저 "병원에 갔다", "병원에 가지 않았다"라고 답한다.

答 : ______________________________

MEMO

맹호연 (孟浩然, 689~740)

맹호연은 이름이 호(浩)이고, 자가 호연(浩然)이다. 맹호연은 일찍이 녹문산()에 은거하다가 나이 40에 장안에 들어가 관직을 도모하였으나 진사에 합격하지 못하고 고향으로 돌아갔다. 산수전원과 은거, 여행 등 내용을 반영한 그의 시는 맑고 담백하며 경치 묘사에 능란하다. <춘효(春晓)>는 시인이 봄날 새벽에 깨어나 밖에서 들려오는 새소리로 하루를 맞이하지만, 지난밤의 폭풍우가 있었음을 생각해내고 떨어져 버린 꽃잎을 아쉬워하는 마음을 담고 있다.

春 晓
Chūn xiǎo

[唐] 孟浩然

春 眠 不 觉 晓,
Chūn mián bù jué xiǎo

处 处 闻 啼 鸟。
chù chù wén tí niǎo

夜 来 风 雨 声,
Yè lái fēng yǔ shēng

花 落 知 多 少。
huā luò zhī duō shǎo

봄잠에 취해 깨어나지 못하는데,
여기저기서 새 우는 소리 들리네.
지난밤 사이에 비바람 소리 들렸으니,
얼마나 많은 꽃잎이 떨어졌을까

06

多少钱?

duōshǎo qián

얼마예요?

학습 목표

- 가격, 쇼핑에 대한 표현

학습 내용

♪ 가격을 묻고 대답하기

♪ 물건을 선택하기

♪ 물건을 구매, 친구에게 의견을 묻기

주요표현

06 多少钱?

duōshǎo qián

얼마예요?

核心句 핵심문장

01 你喜欢喝咖啡还是奶茶?

nǐ xǐhuān hē kāfēi háishì nǎichá?

너는 커피가 좋아 아니면 밀크티가 좋아?

02 我喜欢喝咖啡，一杯冰咖啡多少钱?

wǒ xǐhuān hē kāfēi, yìbēi bīng kāfēi duōshǎo qián?

나는 커피가 좋아, 아이스커피 한 잔 얼마야?

03 你喜欢长款还是短款?

nǐ xǐhuān chángkuǎn háishì duǎnkuǎn?

너는 긴 (치마)가 좋아 아니면 짧은 (치마)가 좋아?

04 我觉得这款粉色的更漂亮。

wǒ juéde fěnsè de gèng piàoliang, wǒ tài xǐhuān le

나는 이 핑크색의 디자인이 더 예쁘다고 생각해.

05 哇! 不大不小，正合适啊。

wa! búdà bùxiǎo, zhèng héshì a

와! 크지도 작지도 않고 딱 맞네!

상황대화

01 奶茶

nǎi chá 밀크티

shànyīng, tiānqì hǎorè, wǒmen qù 'bīngchéng' hē lěngyǐn ba

小龙　善英，天气好热，我们去'冰城'喝冷饮吧!

hǎoa! nǐ xǐhuān hē kāfēi háishì nǎichá?

善英　好啊! 你喜欢喝咖啡还是奶茶?

zhèlǐ shénme zuì hǎohē? nǐ tuījiàn yíxià!

小龙　这里什么最好喝? 你推荐一下!

xīguā guǒzhī, zhēnzhū nǎichá dōu hěn hē

善英　西瓜果汁、 珍珠奶茶都好喝。

wǒ xǐhuān hē kāfēi, yìbēi bīng kāfēi duōshǎo qián?

小龙　我喜欢喝咖啡，一杯冰咖啡多少钱?

yìbēi bīng kāfēi èrshí kuài qián

善英　一杯冰咖啡20块钱。

xīguā guozhī duōshǎo qián?

小龙　西瓜果汁多少钱?

yìbēi èrshíwǔ kuài qián

善英　一杯25块钱。

wǒyào yìbēi bīng kāfēi ba! bingkafei bi guozhi pianyi

小龙　我要一杯冰咖啡吧! 冰咖啡比果汁便宜。

wǒyào yìbēi zhenzhu naicha, zheli naicha hen youming

善英　我要一杯珍珠奶茶，这里奶茶很有名。

yìbēi èrshíbā kuài qián, zuì guì ya

小龙　一杯28块钱，最贵呀!

'还是' háishi 선택의문문 '아니면~'

접속사 '还是'를 이용하여 두 가지의 가능한 대답을 열거하고 대답하는 사람이 그 중 하나를 선택하도록 한다.

보기 你喝咖啡还是茶?
커피를 마실래요 아니면 차를 마실래요?

'要' yào -[조동사] ~하고 싶다. ~하려고 하다.

보기 你要喝什么? 당신은 뭘 마시고 싶어요?

-[동사] ~원하다.

보기 我要一杯咖啡。커피 한 잔 주세요.

핵심어휘

奶茶	nǎi chá	명 밀크티
冰城	bīngchéng	명 빙성
喝	hē	동 마시다
冷饮	lěngyǐn	명 시원한 음료
还是	háishì	명 아니면~
最	zuì	부 가장
好喝	hǎohē	형 마시기 좋다
推荐	tuījiàn	동 추천하다
一下(儿)	yíxià(r)	양 좀 ~하다, 한번 ~하다
西瓜	xīguā	명 수박
果汁	guǒzhī	명 과일 주스
珍珠奶茶	zhēnzhūnǎichá	명 버블티
(一)杯	(y)ìbēi	양 (한) 잔
块	kuài	양 (인민폐의 단위)원
钱	qián	명 돈
冰咖啡	bīngkāfēi	명 아이스커피
要	yào	동 희망하다, 원하다
便宜	piányi	형 저렴하다
有名	yǒumíng	형 유명하다
贵	guì	형 비싸다

02 打折

dǎzhé 할인

zhūlì, jīntiān bǎihuòshāngdiàn dǎzhé a

善英　珠莉，今天百货商店打折啊!

wǒ zhèngxiǎng mǎi yìtiáo qúnzi, bāngwǒ tuījiàn yíxiàr!

珠莉　我正想买一条裙子，帮我推荐一下儿!

hao a! nǐ xǐhuān chángkuǎn háishì duǎnkuǎn?

善英　好啊! 你喜欢长款还是短款?

wǒ xǐhuān chángkuǎn liányīqún

珠莉　我喜欢穿长款连衣裙。

nǐ kàn zhè tiáo liányīqún zěnmeyàng? dǎ liùzhé ne!

善英　你看这条连衣裙怎么样? 打六折呢!

zhè kuǎnshì tǐng piàoliàng de, duōshǎo qián a?

珠莉　这款式挺漂亮的，多少钱啊?

yuánjià bābǎi kuài, dǎ liùzhé hòu sìbǎibāshí kuàiqián

善英　原价800块，打六折后480块钱。

wǒ juéde fěnsè de gèng piàoliang, wǒ tài xǐhuān le

珠莉　我觉得这款粉色的更漂亮，我太喜欢了。

nǐ shìyishì ba! kěndìng piàoliang!

善英　你试一试吧! 肯定漂亮!

wa! búdà bùxiǎo, zhèng héshì a

珠莉　哇! 不大不小，正合适啊。

TIP

打折 dǎzhé 할인

우리나라에서는 할인되는 퍼센트를 그대로 표기하지만, 중국은 할인 후 지불하는 퍼센트를 표시한다. 즉, 지불할 가격을 표시하는 것이다.

生 词

핵심어휘

百货商店	bǎihuòshāngdiàn	명 백화상점
打折	dǎzhé	명,동 할인
想	xiǎng	조동 ~하고 싶다
一条	yìtiáo	양 한 벌
裙子	qúnzi	명 치마
喜欢	xǐhuān	동 좋아하다
款式	kuǎnshì	명 디자인
帮	bāng	동 돕다
连衣裙	liányīqún	명 원피스
穿	chuān	동 입다
黑色	hēisè	명 검정
粉色	fěnsè	명 핑크
觉得	juéde	동 ~라고 느끼다, ~라고 생각하다
试一试	shìyishì	동 해 보다
合适	héshì	형 알맞다
便宜	piányi	형 저렴하다
(一)点儿	(yì)diǎnr	양 조금, 약간

문법다지기

人民币 rénmínbì 인민폐

(人民币 rénmínbì) 인민폐 구어 표현

인민폐는 서면어 표현과 구어 표현이 있다. 서면어 표현은 인민폐에 실제로 써있는 화폐 단위를 말하며, 구어 표현은 회화에서 말할 때 표현하는 것을 말한다.

금액 숫자 표시	서면어 표현	구어 표현
8元	八元 bāyuán	八块 bākuài
0.8元	八角 bājiǎo	八(毛) bāmáo
0.08元	八分 bāfēn	八(分) bāfēn

※ '毛'나 '分'이 마지막 위치에 올 때에는 생략하여 말하지 않을 수도 있다.

다음 과일 종류 및 가격에 대해 말해 보세요.

물건의 무게 근(斤jīn)
한국은 한 근이 600g인데, 중국은 한 근이 500g이다.

苹果 píngguǒ	梨 lí	香蕉 xiāngjiāo
 2.60元	 1.80元	 1.20元
一斤苹果 ________	一斤梨 ________	一斤香蕉 ________

西瓜 xīguā	草莓 cǎoméi	葡萄 pútao
 3.90元	 5.80元	 2.90元
一斤西瓜 ________	一斤草莓 ________	一斤葡萄 ________

그림보고 말하기

问题 1 一杯咖啡多少钱? 커피는 한 잔에 얼마예요?

yìbēi kāfēi duōshǎo qián?

杯 bēi 잔을 셀 때 쓰인다.

答 : ______________________________

问题 2 一斤西瓜多少钱? 수박 한 근에 얼마예요?

yìjīn xīguā duōshǎo qián?

물건의 무게 근(斤jīn)
한국은 한 근이 600g인데, 중국은 한 근이 500g이다.

答 : ______________________________

의복의 종류 및 가격에 대해 말해 보세요.

의복과 관련된 양사	件 jiàn 옷의 상의에 쓰임. 条 tiáo 가늘고 긴 물건, 구부러지는 것에 많이 쓰임. 双 shuāng 쌍을 이루어 사용하는 물건에 쓰임.

问题 1 这条牛仔裤多少钱? 청바지 한 벌에 얼마예요?

zhètiáo niúzǎikù duōshǎo qián?

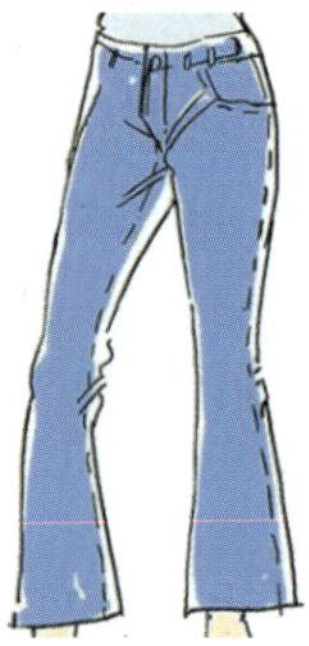

259元

牛仔裤 niúzǎikù 청바지

答 : ______________________________

※ 옷을 세는 양사는 '件'이지만, 바지, 치마, 원피스는 모두 '条'로 말한다.

问题 2 这件大衣(衣服)多少钱? 이 코트(옷)는 얼마예요?

zhèjiàn dàyī(yīfu) duōshǎo qián?

568元

答 : ______________________________

问题 3 你觉得这双鞋怎么样? 이 신발의 디자인은 어떤가요?

nǐ juéde zhè shuāng xié zěnmeyàng?

신발, 양말의 양사는 '双shuāng'이다.

答 : ______

问题 4 这条连衣裙怎么样? 이 원피스의 디자인은 어떤가요?

zhè tiáo liányīqún zěnmeyàng?

答 : ______

선택의문문 연습하기

问题 1 你买香蕉还是橙子? 당신은 바나나를 살래요 아니면 오렌지를 살래요?

nǐ mǎi xiāngjiāo háishì chéngzi?

答 : ______________________________

问题 2 你喝咖啡还是奶茶? 당신은 커피를 마실래요 아니면 밀크티를 마실래요?

nǐ hē kāfei háishì naicha?

答 : ______________________________

MEMO

이연년(李延年)

이연년은 타고난 음악 천재로 노래와 춤 실력이 뛰어나 한무제가 매우 총애했다. 어느날, 황제 앞에서 <가인가>를 불렀고 실제로 절세미인인 자기 누이동생을 자랑하며 부른 것이었다. 한무제는 노래를 듣고 당장 그녀를 궁궐로 불러들였고 그녀의 아름다운 자태와 춤에 매혹되었다. 이 여인이 바로 한무제의 만년에 총애를 돋차지하였다는 이부인(李夫人)이다.

佳 人 歌

jiā rén gē

[汉] 李延年

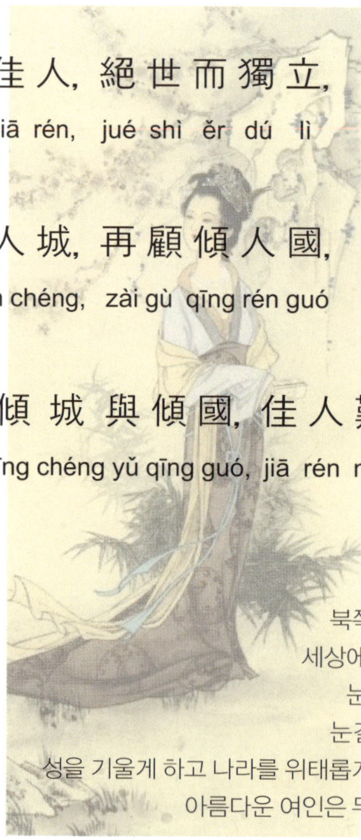

北 方 有 佳 人, 絕 世 而 獨 立,

běi fāng yǒu jiā rén, jué shì ěr dú lì

一 顧 傾 人 城, 再 顧 傾 人 國,

yí gù qīng rén chéng, zài gù qīng rén guó

寧 不 知 傾 城 與 傾 國, 佳 人 難 再 得!

nìng bù zhī qīng chéng yǔ qīng guó, jiā rén nán zài dé

북쪽에 아름다운 여인 있어,
세상에서 떨어져 홀로 서 있네.
눈길 한 번에 성이 기울고,
눈길 두 번에 나라가 기우네
성을 기울게 하고 나라를 위태롭게 함을 어찌 모르리오만,
아름다운 여인은 두 번 다시 얻기 어렵다네

07

一起去吧!

yì qǐ qù ba!

같이 가요!

학습 목표

- 초대, 제안, 반대로 승낙에 관한 표현

학습 내용

♪ 식사 초대를 할 때

♪ 반대로 초대나 제안을 승낙하거나 거절할 때

주요표현

07 一起去吧!

yì qǐ qù ba!

같이 가요!

核心句 핵심문장

01 这个周末你有空吗?

zhège zhōumò nǐyǒu kòng ma?

이번 주말에 시간 있니?

02 我特别爱吃羊肉串、麻辣烫。

wǒ tèbié ài chī yángròuchuàn, málàtàng

나는 특히 양꼬치나 마라탕을 먹기 좋아해.

03 你家又大又漂亮啊!

nǐ jiā yòu dà yòu piàoliàng a!

너의 집은 넓고도 예뻐.

04 吃完饭，我们一起去唱唱歌吧!

chī wán fàn, wǒmen yìqǐ qù chàngchanggē ba!

밥을 먹고 우리 같이 노래나 부르자!

01 小吃

xiǎo chī 먹거리

jīngxiù, zhège zhōumò nǐyǒu kòng ma?

珠莉　京秀，这个周末你有空吗？

buhaoyisi, zhōumò wǒ yaoqu jianshenfang

京秀　不好意思，周末我要去健身房。

zhōumò shi xiaolong shengri, wǒmen qìngzhù yíxiàr, hǎobuhǎo?

珠莉　周末是小龙生日，我们庆祝一下(儿)，好不好？

hǎo a! nǐmen zàinǎr jù a?

京秀　好啊！你们在哪儿聚啊？

wǒmen yàoqù zhōngguóchéng, xiǎolóng jiā jiùzài fùjìn

珠莉　我们要去中国城，小龙家就在附近。

tài bàng le! nàlǐ yǒu hěnduō zhōngguó xiǎochī

京秀　太棒了! 那里有很多中国小吃。

shìde, nàlǐ de huǒguō hěn dìdào

珠莉　是的，那里的火锅很地道。

wǒ tèbié ài chī yángròuchuàn, málàtàng, háiyǒu qīngdǎo píjiǔ

京秀　我特别爱吃羊肉串、麻辣烫，还有青岛啤酒。

nà, xīngqītian yìqǐ qù ba!

珠莉　那，星期天一起去吧!

yídìng qù, nǐde guīmì yě qù ma?

京秀　一定去，你的闺蜜也去吗?

dāngrán qù, chīwán fàn wǒmen háiqù xiǎolóng jiā ne

珠莉　当然去，吃完饭我们还去小龙家呢!

生 词

핵심어휘

周末	zhōumò	명 주말
空	kòng	명 시간, 여유
健身	jiànshēn	명,동 운동하다
已经	yǐjīng	부 이미, 벌써
担心	dānxīn	동 걱정하다
庆祝	qìngzhù	동 축하하다
聚	jù	동 모이다
中国城	zhōngguóchéng	명 차이나타운
附近	fùjìn	명 부근
棒	bàng	형 좋다, 훌륭하다
小吃	xiǎochī	명 간단한 요리
火锅	huǒguō	명 훠궈(샤브샤브의 일종)
地道	dìdào	형 오리지널의, 정통의
特别	tèbié	형 특별하다
羊肉串	yángròuchuàn	명 양고기 꼬치
麻辣烫	málàtàng	명 마라탕(중국 사천요리)
啤酒	píjiǔ	명 맥주
馋	chán	형 게걸스럽다
闺蜜	guīmì	명 절친(여자끼리 가까운 친구)

상황대화

02 外卖

wài mài 배달 음식

huānyíng nǐmen lái wǒ jiā wánr

小龙　欢迎你们来我家玩儿。

wā! xiǎolóng, nǐ jiā yòu dà yòu piàoliàng a!

珠莉　哇! 小龙，你家又大又漂亮啊!

nǐmen kàn, hái néng kàndào dàhǎi ne!

京秀　你们看，还能看到大海呢!

xiǎolóng, wǒ mǎi le xǐyīyè, zhù nǐ hǎoshì duōduō!

善英　小龙，我买了洗衣液，祝你好事多多!

wǒ mǎide juǎnzhǐ, zhù nǐ shùnshùn lìlì!

珠莉　我买了卷纸，祝你顺顺利利!

wǒ mǎi le yìxiāng píjiǔ, yìqǐ qìngzhù qìngzhù ba

京秀　我买了一箱啤酒，一起庆祝庆祝吧!

TIP

결과보어 ~到 dào

사람이나 움직이는 사물이 동작을 통해 어떤 지점에 도달하거나 그 동작이 지속됨을 나타낸다. 또한 어떤 정도까지 동작이 진행됨을 의미하기도 한다.

예 学到，看到，听到

tài gǎnxiè nǐmen le. nǐmen xiǎng chī shénme?

小龙　太感谢你们了。你们想吃什么？

wǒmen yìbiān hē píjiǔ, yìbiān chī zhájī, zěnmeyàng?

珠莉　我们一边喝啤酒，一边吃炸鸡，怎么样？

hǎo zhǔyi! wǒmen mǎshàng jiào wàimài ba

善英　好主意！我们马上叫外卖吧！

chī wán fàn, wǒmen yìqǐ qù chàngchanggē ba!

京秀　吃完饭，我们一起去唱唱歌吧！

핵심어휘

欢迎	huānyíng	동 환영하다
又~又~	yòu~yòu~	~하면서 ~하다
漂亮	piàoliàng	형 예쁘다
棒	bàng	형 좋다, 훌륭하다
(看)到	kàndào	동 보았다
大海	dàhǎi	명 바다
卷纸	juǎnzhǐ	명 휴지말이
好事	hǎoshì	명 좋은 일
洗衣液	xǐyīyè	명 액체 세제
顺利	shùnlì	형 순조롭다
一箱	yìxiāng	양 한 박스
啤酒	píjiǔ	명 맥주
外卖	wàimài	명 배달
炸鸡	zhájī	명 치킨
主意	zhǔyì	명 생각, 아이디어
马上	mǎshàng	부 금방, 즉시

문법다지기

동사 중첩

중국어의 일부 동사는 중첩을 할 수 있다.
동작이 걸리는 시간이 짧으며, 동작이 가볍거나 자연스러움을 나타낸다. 시험 삼아 뭔가를 해본다는 의미를 나타내기도 한다.

■ 단음절 중첩형식

예		
	AA	你尝尝看。맛 좀 보세요.
	A-A	我看一看你的新衣服。당신 새 옷을 한 번 봅시다.

※ 'AA'와 'A-A'은 의미가 같다. 단음절 동사를 중첩할 때에는 사이에 '一'를 넣어줄 수 있다.

■ 이음절 중첩형식

예		
	AABB	我们今天吃吃喝喝。우리는 하루 종일 먹고 마신다.
	ABAB	我们一起练习练习。우리 함께 연습해 봅시다.
	AAB	我们吃吃饭，聊聊天吧! 밥도 먹고 수다도 떱시다

형용사 중첩

중국어의 형용사가 중첩했을 때는 강조의 의미를 나타낸다.

■ 단음절 중첩형식

예		
	AA	他要一杯热热的咖啡。그는 따끈따끈한 커피를 원한다.

■ 이음절 중첩형식

예		
	AABB	他的性格大大方方。그의 성격은 대범하다.
	ABAB	我们在这里休息休息吧! 우리 여기서 좀 쉬자!

초대와 승낙에 관한 표현

초대에 응할 때는 '好啊!(좋아요)', '太好了!(잘됐네요)' 등으로 대답하고, 뒤에 간단한 말을 더하면 된다.
'正好'는 '마침, 딱'이라는 뜻으로 구어에서 자주 사용되는 말이다.
'太好了'는 만족이나 감탄 등을 나타내며, 여기에서 '太'는 정도가 매우 높음을 의미한다.

问题 1 晚上你有空吗? 一起去吃火锅吧! 저녁에 시간이 있어요? 같이 훠궈 먹으러 가요!

wǎnshàng nǐ yǒu kòng ma? yìqǐ qù chī huǒguō ba!

答 : ______________________________

问题 2 下课后，我们一起去唱歌吧! 수업 마치고 우리 같이 노래하러 가요!

xiàkè hòu, wǒmen yìqǐ qù chànggē ba!

答 : ______________________________

초대와 거절에 관한 표현

거절할 경우 먼저 '미안해'를 '不好意思!' 또는 '对不起!'라고 말하고 못 가는 이유에 대한 설명을 하면 된다.

问题 3 周末，你来我家玩儿吧。怎么样? 주말에 우리 집에 놀러 와요. 어때요?

zhōumò, nǐl ái wǒ jiā wánr ba. zěnmeyàng?

答：

问题 4 明天，我们一起去登山，好吗? 내일, 우리 같이 등산해요. 괜찮아요?

míngtiān, wǒmen yìqǐ qù dēngshān, hǎoma?

答：

'~又~又~'를 활용하기

'~하면서 ~하다'라는 의미를 가진 두 가지의 성질이나 상황이 동시에 존재함을 나타낸다.

问题 1 这条连衣裙怎么样? 이 원피스 어때요?

zhè tiáo liányīqún zěnmeyàng?

便宜 piányi 저렴하다

答：

问题 2 他的房间怎么样? 그의 방은 어떤가요?

tā de fángjiān zěnmeyàng?

乱 luàn 어지럽다

答：

问题 1 晚上，你想吃什么？밤에, 당신은 무엇을 먹고 싶어요?

wǎnshang, nǐ xiǎng chī shénme?

答：

问题 2 欢迎你们来我家玩(儿)。저의 집에 놀러 온 것을 환영해요.

huānyíng nǐmen lái wǒ jiā wán(r)

答：

MEMO

08 白雪公主

báixuěgōngzhǔ
백설공주

[중국어 동화 이야기]

어렸을 때 읽었던 동화를 중국어로 읽어보면 완전 색다를 거라 생각된다.
누구나 아는 '동화'이기 때문에 내용이 단순하고 문법이나 단어도 쉽게 도전할 수 있다.

자, 그럼 천천히 읽어 보기로 하자!

核心句 핵심문장

1 她的皮肤像雪一样白。

tāde pífū xiàngxuě yíyàng bái

그녀의 피부는 흰 눈같이 하얗네.

2 她长得更漂亮了。

tā zhǎngde gèng piàoliàng le

그녀는 더욱더 예뻐졌어.

3 她走进小木屋，发现里面一个人也没有。

tā zǒujìn xiǎomùwū, fāxiàn lǐmiàn yíge rén yě méiyǒu

그녀는 오두막 안으로 들어갔는데, 안에는 아무도 없었어.

4 她又累又饿，躺在小床上就睡着了。

tā yòulèi yòuè, tǎngzài xiǎochuángshang jiù shuìzháo le

그녀는 피곤하고, 배가 고파서 작은 침대에 누워 바로 잠이 들었어.

5 美丽的女孩儿，送你一个甜甜的苹果。

měilìde nǚháir, sòngnǐ yíge tiántiánde píngguǒ

아름다운 소녀여, 너에게 이 달달한 사과를 선물하겠어.

6 王子和白雪公主幸福地生活在一起。

wángzǐ hé báixuěgōngzhǔ xìngfú de shēnghuó zài yìqǐ

왕자와 공주는 함께 행복하게 살았다네.

白雪公主

báixuěgōngzhǔ
백설공주

상황대화

白雪公主 báixuěgōngzhǔ 백설공주

很久很久以前，王后生了一个女孩儿。
hěnjiǔ hěnjiǔ yǐqián, wánghòu shēngle yíge nǚháir

她的皮肤像雪一样白，大家都叫她“白雪公主”。
tāde pífū xiàngxuě yíyàng bái, dàjiā dōu jiàotā "báixuěgōngzhǔ"

白雪公主很小的时候，她的母亲去世了。
báixuěgōngzhǔ hěn xiǎode shíhou, tāde mǔqīn qùshì le

国王又娶了新王后。
guówáng yòu qǔle xīn wánghòu

生 shēng 낳다
皮肤 pífū 피부
像…一样 xiàng…yíyàng …과 같이
…的时候 …deshíhou …할 때
去世qùshì 돌아가다, 세상을 뜨다
国王 guówáng 국왕
娶 qǔ 아내를 얻다
新王后 xīnwánghòu 새 왕후

옛날 옛날 한 옛날에, 왕비가 한 공주님을 낳았어요. 그 아이의 피부는 눈처럼 하얘서, 사람들은 모두 그녀를 “백설공주”라고 불렀어요. 백설공주가 아주 어릴 적에, 그녀의 어머니 왕비는 세상을 떠났어요. 왕은 또 다시 새로운 왕비를 맞이했답니다.

新王后有个奇特的镜子，她经常问镜子：
xīn wánghòu yǒuge qítè de jìngzi, tā jīngcháng wèn jìngzi :

“镜子啊！ 镜子！ 谁是世界上最美丽的女人?”
jìngzi a! jìngzi! shéishì shìjièshang zuì měilìde nǚrén?

镜子回答 ： “世界上最美丽的女人就是你，王后。”
jìngzi huídá : “shìjièshang zuì měilìde nǚrén jiùshì nǐ, wánghòu”

“哈…哈…哈”
ha…ha…ha

几年以后，白雪公主长大了。
jǐnián yǐhòu, báixuěgōngzhǔ zhǎngdà le

她长得更漂亮了。
tā zhǎngde gèng piàoliàng le

王后 wánghòu 왕후
奇特 qítè 이상하다, 특별하다
镜子 jìngzi 거울
经常 jīngcháng 늘, 항상
世界 shìjiè 온 세상
长大 zhǎngdà 성장하다, 자라다
更 gèng 더욱더
漂亮 piàoliàng 예쁘다

새 왕비는 신비한 거울을 갖고 있었어요. 왕비는 자주 거울에게 물었어요. : “거울아! 거울아! 세상에서 가장 아름다운 여자는 누구니?” 거울이 대답했어요. : “세상에서 가장 아름다운 여자는 바로 당신, 왕비님입니다.” “호~호~호~”
몇 년의 시간이 흐르고, 백설공주는 어른이 되었어요. 그녀는 더욱더 예뻐졌답니다.

有一天，王后又问镜子 :
yǒuyìtiān, wánghòu yòu wèn jìngzi :

"镜子啊！镜子！谁是世界上最美丽的女人?"
jìngzi a! jìngzi! shéishì shìjièshang zuì měilì de nǚrén?

"现在白雪公主比你美丽!"
xiànzài báixuěgōngzhǔ bǐnǐ měilì

新王后非常生气。大声喊道 :
xīn wánghòu fēicháng shēngqì. dàshēng hǎndào :

"猎人，猎人！你去杀了白雪公主!"
lièrén, lièrén! nǐqù shāle báixuěgōngzhǔ

又 yòu 또, 다시
非常 fēicháng 대단히, 매우
生气 shēngqì 화내다
大声 dàshēng 큰 소리
喊 hǎn 고함지르다, 소리치다
猎人 lièrén 사냥꾼
杀 shā 죽이다
忍心 rěnxīn 모질게 …하다
跑 pǎo 달리다, 뛰다

몇 년의 시간이 흐르고, 백설공주는 어른이 되었어요. 그녀는 더욱더 예뻐졌답니다.
어느 날, 왕비는 또 거울에게 물었어요.
"거울아! 거울아! 세상에서 가장 아름다운 여자는 누구니?"
"지금은 백설공주가 왕비님보다 아름답습니다." 새로운 왕비는 몹시 화가 났어요. 큰 소리로 소리쳤죠. "사냥꾼, 사냥꾼! 당신이 가서 백설공주를 당장 죽이세요!"

猎人不忍心杀白雪公主，说道 ：
lièrén bù rěnxīn shā báixuěgōngzhǔ, shuō dào :

“白雪公主，王后要杀你！ 你快跑吧！”
báixuěgōngzhǔ, wánghòu yào shānǐ! nǐ kuài pǎoba!

白雪公主跑着跑着，看见一个小木屋。急忙敲门 ：
báixuěgōngzhǔ pǎozhe pǎozhe, kànjiàn yíge xiǎomùwū. jímáng qiāomén :

“有人吗”
yǒu rén ma?

她走进小木屋，发现里面一个人也没有，只有七张小床。
tā zǒujìn xiǎomùwū, fāxiàn lǐmiàn yíge rén yě méiyǒu, zhǐyǒu qīzhāng xiǎochuáng

사냥꾼은 차마 백설공주를 죽일 수 없어서 말했어요.
“백설공주, 왕비가 당신을 죽이려고 해요! 빨리 도망가세요!”
백설공주는 달리고 또 달리다가, 한 오두막을 발견하고, 급히 문을 두드렸어요.
“누구 계세요?” 그녀는 오두막 안으로 들어갔어요.
안에는 아무도 없었고, 오직 작은 침대 7개만 덩그러니 있었어요.

她又累又饿，躺在小床上就睡着了。
tā yòulèi yòuè, tǎngzài xiǎochuángshang jiù shuìzháo le

"她真美丽呀!"
tā zhēn měilì ya!

"她的皮肤真白呀!"
tāde pífū zhēnbái ya

"她是谁?"
tāshì shéi?

这个时候，白雪公主醒过来。
zhège shíhou, báixuěgōngzhǔ xǐng guòlái

"我是白雪公主！ 王后要杀我!"
wǒshì báixuěgōngzhǔ! wánghòu yào shāwǒ

七个小矮人同情白雪公主，就让她住下来了。
qīge xiǎoǎirén tóngqíng báixuěgōngzhǔ, jiù ràng tā zhùxià lái le

木屋 mùwū 통나무집
急忙 jímáng 급히
敲门 qiāomén 노크하다
发现 fāxiàn 발견하다
累 lèi 힘들다
饿 è 배고프다
躺 tǎng 눕다
睡着 shuìzháo 잠들다
醒 xǐng 깨다
小矮人 xiǎoǎirén 난쟁이
同情 tóngqíng 동정하다
让 ràng …하게 하다
住 zhù 살다

그녀는 피곤하고, 배가 고파서 작은 침대에 누워 바로 잠이 들었어요.
"그녀는 진짜 너무 아름다워!", "그녀의 피부는 어쩜 이리 흴까!", "그녀는 누굴까?" 이 때, 백설공주가 깨어났어요. "저는 백설공주라고 합니다! 왕비가 저를 죽이려고 해요!"
일곱 난쟁이들은 백설공주가 가여워서 여기서 지낼 수 있게 해줬어요.

有一天，王后拿着毒苹果，变成老奶奶找到白雪公主。
yǒuyìtiān, wánghòu názhe dúpíngguǒ, biànchéng lǎonǎinai zhǎodào báixuěgōngzhǔ

“老奶奶，早上好！”
lǎonǎinai, zǎoshanghǎo!

“美丽的女孩儿，送你一个甜甜的苹果。”
měilìde nǚháir, sòngnǐ yíge tiántiánde píngguǒ

白雪公主才吃了一口，就昏死过去了。
báixuě gōngzhǔ cáichīle yìkǒu, jiù hūnsǐ guòqù le

拿 ná 쥐다, 가지다
毒 dú 독
变(成) biànchéng 변하다
找到 zhǎodào 찾다
送 sòng 보내다, 전달하다
甜 tián 달다
才 cái 겨우
昏死 hūnsǐ 기절하다

어느 날, 왕비는 독사과를 들고, 할머니로 변신해서 백설공주를 찾아왔어요.
“할머니, 좋은 아침이에요!”, “아름다운 소녀여, 당신에게 이 달달한 사과를 선물하겠어요.” 백설공주는 고작 한 입만 먹었을 뿐인데, 바로 기절하고 말았어요.

七个小矮人，非常伤心。这时候，一位王子路过。
qīge xiǎoǎi rén, fēicháng shāngxīn. zhèshíhou, yíwèi wángzǐ lùguò

王子看到美丽的白雪公主，情不自禁吻了她。
wángzǐ kàndào měilìde báixuěgōngzhǔ, qíngbùzìjìn wěnle tā

突然，白雪公主醒过来。
tūrán, báixuěgōngzhǔ xǐng guòlái

七个小矮人，欢喜地说 ：“白雪公主醒过来了！”
qīge xiǎoǎirén, huānxǐde shuō : báixuěgōngzhǔ xǐng guòlái le

伤心 shāngxīn 상심하다, 슬퍼하다
路过 lùguò 지나다, 경유하다
情不自禁 qíngbùzìjìn 감정을 스스로 억제하기 힘들다
吻 wěn 입맞춤하다
突然 tūrán 갑자기
欢喜 huānxǐ 기쁘다, 즐겁다

일곱 난쟁이들은 몹시 마음이 아팠어요.
이때, 한 왕자가 지나갔어요. 왕자는 아름다운 백설공주를 발견하고, 자기도 모르게 그녀에게 키스했어요. 갑자기, 백설공주가 깨어났어요.
일곱 난쟁이들은 기뻐하며 말했어요. “백설공주가 깨어났다!”

王子握着公主的双手，温柔地说 ：
wángzǐ wòzhe gōngzhǔde shuāngshǒu, wēnróu de shuō :

“公主，你愿意做我的王妃吗?”
gōngzhǔ, nǐ yuànyì zuò wǒde wángfēi ma?

公主很感动，点头答应了王子的求婚。
gōngzhǔ hěn gǎndòng, diǎntóu dāyìng le wángzǐ de qiúhūn

从此，王子和白雪公主幸福地生活在一起。
cóngcǐ, wángzǐ hé báixuěgōngzhǔ xìngfú de shēnghuó zài yìqǐ

握 wò 잡다, 쥐다
温柔 wēnróu 부드럽다, 상냥하다
愿意 yuànyì 동의하다, 희망하다
王妃 wángfēi 왕비
感动 gǎndòng 감동하다
点头 diǎntóu 고개를 끄덕이다
答应 dāyìng 응답하다, 동의하다
求婚 qiúhūn 구혼하다
幸福 xìngfú 행복하다
生活 shēnghuó 생활하다

왕자는 백설공주의 두 손을 잡고, 부드럽게 말했어요. “공주, 나의 왕비가 되어주겠소?” 공주는 감동하였고, 왕자의 청혼에 고개를 끄덕였어요.
그 후로, 왕자와 백설공주는 함께 행복하게 살았답니다.

부록

본문 해석

1. 我们同岁啊! 우린 동갑이야!

<대화>

01 学妹 여자 후배

경　수 : 안녕! 주리야!
주　리 : 안녕! 누구…?
경　수 : 나는 이경수라고 해. '북경'의 '경', '우수'할 '수'자를 써.
주　리 : 당신을 알게 되어 너무 기뻐, 몇 학년이죠?
경　수 : 대학교 3학년이고 경영학과야.
주　리 : 나는 현재 대학교 2학년에 재학 중인데, 당신이 제 선배네요!
경　수 : 진짜? 올해 나이가 몇이야?
주　리 : 나는 올해 스물한 살이고 용띠야.
경　수 : 공교롭게도 우리는 동갑이야!
주　리 : 너의 생일은 언제니?
경　수 : 나는 2001년 8월 18일에 태어났어. 넌?
주　리 : 나는 12월 겨울에 태어났어.

02 家人 가족

주　리 : 선배, 너희 가족은 몇 명이야?
경　수 : 네 명이야. 아빠, 엄마, 누나, 그리고 나.
주　리 : 너의 누나는 무슨 일을 하셔?
경　수 : 우리 누나는 승무원이야. 공항에서 일해.
주　리 : 우와! 너무 부럽다! 누나는 결혼했나요?
경　수 : 벌써 결혼했어요, 딸 한 명 있는데, 올해 세 살이야.
주　리 : 나는 언니가 없고 오빠만 있어.
경　수 : 너의 오빠는 어디서 일을 해?
주　리 : 오빠는 '삼성'회사의 영업부에서 일을 해.
경　수 : 큰 회사네, 너의 오빠는 결혼했니?
주　리 : 오빠는 아직 여자친구가 없어.

2. 号码是多少? 번호가 어떻게 돼요?

<대화>

샤오롱 : 주리야, 좋은 아침이야!

주　리 : 샤오롱, 오래간만이야!

샤오롱 : 오늘 금요일인데, 너 수업 있어?

주　리 : 있지. 나는 오전 9시에 중국어수업을 들어.

샤오롱 : 나도 9시에서 12시까지 영어수업을 해.

주　리 : 너는 몇 호 강의실에서 수업해?

샤오롱 : 나는 501호 강의실에서 수업해. 너는?

주　리 : 나는 1808호에서 수업해. 우리 끝나고, 같이 밥 먹자.

샤오롱 : 좋아! 너 내 새 폰 번호 있어?

주　리 : 없어. 너가 나한테 알려줘.

샤오롱 : 010-6649-3520이야.

주　리 : 그럼 수업 끝나고, 우리 통화하자!

샤오롱 : 알았어! 너의 전화 기다릴게!

주　리 : 지금 몇 시야? 곧 수업하는 거지?

샤오롱 : 5분 전 9시야, 빨리 가자! 안녕!

주　리 : 조금 이따가 보자!

3. 你在干什么? 당신은 무엇을 하고 있나요?

<대화>

샤오롱 : 여보세요. 선영아, 너 지금 학교야?

선　영 : 아니, 나 지금 기숙사에 있어

샤오롱 : 너 기숙사에서 뭐 해?

선　영 : 나는 지금 중국어 숙제 하고 있어. 너는 뭐 해?

샤오롱 : 나는 텔레비전 보면서 밥을 먹고 있어. 너 저녁 먹었니?

선　영 : 나는 계란볶음밥을 먹었어. 나를 왜 찾아?

샤오롱 : 내일 토요일인데, 너 무슨 계획 있니?

선　영 : 주말에, 나는 아무런 계획이 없어.

샤오롱 : 때마침 나한테 영화표 두 장이 있는데, 같이 가자!
선　영 : 완전 좋아! 나 영화 본 지 진짜 오래 됐어.
샤오롱 : 너 액션영화 좋아해?
선　영 : 나는 특히 헐리우드 액션영화를 좋아해.
샤오롱 : 그러면 내일 저녁 7시에 내가 영화관 입구에서 기다릴게.
선　영 : 알겠어. 내일 저녁 7시에 보자!

4. 明洞怎么走 명동에 어떻게 가요?

<대화>
경　수 : 주리야, 너 명동에 자주 가니?
주　리 : 응. 나는 남자친구랑 자주 명동에 가서 놀아.
경　수 : 명동역에 어떻게 가? 지하철 타고 가?
주　리 : 아니, 120번 버스를 타도록 해. 3 정거장 타면 돼.
경　수 : 편리하네, 120번 버스 정류장은 어디에 있어?
주　리 : 앞으로 쭉 가다가 보면 편의점이 하나 있을 거야. 그 옆에 바로 있어.
경　수 : 편의점은 여기에서 멀어?
주　리 : 그렇게 멀지 않아. 약 100미터 정도 가면 바로 도착해.
경　수 : 알겠어, 고마워!
주　리 : 천만에! 나도 버스정류장 가는데, 우리 같은 방향이야.
경　수 : 진짜 잘 됐다. 같이 가자.

5. 小心感冒 감기 조심해

<대화>

01 会下雨 비 올거야

선　영 : 주리야, 오늘 날씨가 어때?
주　리 : 오늘 흐려, 밖에 바람도 불어
선　영 : 그럼, 오늘 비가 와?
주　리 : 일기 예보에 따르면, 오늘 비 온대.
선　영 : 오늘 기온이 몇 도야? 추워?
주　리 : 오늘 기온이 영상 8도야, 어제보다 추워.
선　영 : 우리 옷을 좀 많이 껴입자. 감기 조심해.
주　리 : 알겠어, 나는 점퍼를 더 입었어. 우산도 챙겨야지.
선　영 : 내일도 바람이 불고 비가 와?
주　리 : 일기 예보에 따르면, 내일 날씨는 화창해!
선　영 : 봄 날씨는 정말 변덕이 심해!
주　리 : 맞아! 우리 빨리 가자. 지각하겠다.

02 感冒 감기

선　영 : 주리야, 샤오롱이 너 보러 왔어
주　리 : 샤오롱, 병문안 와줘서 고마워!
샤오롱 : 너 감기 걸렸다고 들었어. 지금은 좀 어때?
주　리 : 머리가 아프고, 열이 나고, 온 몸에 힘이 없어.
선　영 : 오늘 너가 수업에 안 와서 샤오롱이 많이 걱정했어.
주　리 : 어제 비가 오고 날씨가 특히 추워서 감기에 그만.
샤오롱 : 너 아직도 열이 있어. 우리가 너랑 병원에 같이 가줄게.
주　리 : 걱정마. 나 약 먹었어.
선　영 : 봄은 건조해, 물을 많이 마시고, 과일도 많이 먹어야 해!
샤오롱 : 사과 받아, 평안하고 건강하길 바라!
주　리 : 정말 고마워. 내 몸이 회복되면 감사의 술 살게!
샤오롱 : 좋아! 잘 쉬어!

6. 多少钱? 얼마예요?

<대화>

01 奶茶 밀크티

샤오롱 : 선영아, 날씨가 너무 더운데 우리 '빙성'에 가서 시원한 음료 마시자!
선　영 : 좋아! 너 커피를 좋아해 아니면 밀크티를 좋아해?
샤오롱 : 여기 뭐가 마시기 좋아, 추천해 봐!
선　영 : 수박 주스나 버블티 다 좋아!
샤오롱 : 나는 커피가 좋아, 커피 한 잔 얼마야?
선　영 : 커피 한 잔에 20위안이야.
샤오롱 : 수박주스는 얼마야?
선　영 : 한 잔에 25위안이야.
샤오롱 : 나는 아이스커피 한 잔 할거야. 아이스커피가 주스보다 저렴해.
선　영 : 나는 버블밀크티 한 잔, 여기 밀크티가 유명하거든.
샤오롱 : 한 잔에 28위안, 제일 비싸.

02 打折 할인

선　영 : 주리야, 오늘 백화점에 할인하네!
주　리 : 나 마침 치마 한 벌 사고 싶었는데, 좀 추천해 줘!
선　영 : 좋아! 너는 긴 디자인이 좋아 아니면 짧은 디자인이 좋아?
주　리 : 나는 긴 원피스가 좋아
선　영 : 너 봐! 이 원피스는 어때? 40% 할인이네.
주　리 : 이 디자인 꽤 예쁜데, 얼마야?
선　영 : 원가는 800위안, 40% 할인해서 480위안이야.
주　리 : 나는 이 디자인으로 핑크색이 더 예쁜 것 같아, 너무 맘에 들어.
선　영 : 너 한번 입어봐! 무조건 예쁠걸.
주　리 : 우와! 크지도 작지도 않고, 딱 맞네!

7. 一起去吧! 같이 가!

<대화>

01 小吃 먹거리

주　리 : 경수야, 이번 주말에 시간 있어?
경　수 : 미안, 주말에 나 헬스클럽에 가.
주　리 : 주말에 샤오롱 생일이야, 우리 축하해주자! 어때?
경　수 : 좋아! 너희는 어디서 모일 거야?
주　리 : 우리 차이나타운에 갈거야, 샤오롱 집이 근처야.
경　수 : 넘 좋아! 거기에 유명한 중국 먹거리 많잖아.
주　리 : 맞아, 거기 훠궈가 오리지널이야.
경　수 : 나는 특히 양꼬치와 마라탕, 청도맥주를 너무 좋아해.
주　리 : 그럼 일요일 같이 가자!
경　수 : 꼭 갈게, 너 절친도 가는 거지?
주　리 : 당연히 가, 밥 먹고 샤오롱 집에 갈 거야!

02 外卖 배달음식

샤오롱 : 내 집에 온 것을 환영해!
주　리 : 우와! 샤오롱, 너의 집 진짜 넓고 예쁘다!
경　수 : 애들아, 이것 좀 봐. 게다가 바다도 볼 수 있어!
선　영 : 나는 액체 세제를 사왔어. 좋은 일만 가득하길 바라!
주　리 : 이건 내가 산 휴지야. 너의 모든 일이 순조롭게 풀리길 바랄게.
(또는 승승장구하길 바랄게)
경　수 : 나는 맥주 한 박스를 사왔어. 우리 같이 축하하자!
샤오롱 : 너무 고마워. 너희 저녁에 뭐 먹고 싶어?
주　리 : 우리 맥주 마시면서 치킨도 먹자. 어때?
선　영 : 좋은 생각이야! 우리 바로 전화해서 배달을 시키자!
경　수 : 밥 먹고 우리 같이 노래방 가자!

부록

그림보고 말하기 [참고답안]

1과

Q1 : 你叫什么名字?

我叫金美善。‘美丽’的‘美’，‘善良’的‘善’。

Q2 : 请说出你的出生年月日。

我是二零零一年八月十八号出生的，今年二十岁了。

Q3 : 你家有几口人?

我家有四口人，爸爸、妈妈、哥哥和我。

Q4 : 你在哪个学校上学?

我在祥明大学上学，现在(读)大二了。

2과

휴대전화 번호, 방 번호, 카드 번호 등 번호들을 익혀 보세요.

Q1 : 你的电话号码是多少?

我的电话号码是língyāolímg-liùsānjiǔsān-línglíngsānjiǔ。

Q2 : 他的房间号码是多少?

他的房间号码是yāo-bā-líng-bā。

Q3 : 你的银行卡号是多少?

我的银行卡号是sìyāolíngyāo-èrlíngèrlíng-língsìlíngyāo-wǔwǔbālíng。

Q4 : 你的护照号是多少?

我的护照号是Msānyāojiǔ-sānlínglíng-wǔsānjiǔ。

시간, 날짜, 요일을 말할 때

Q1 : 现在几点?

1) 现在yìdiǎn èrshí(fēn)。
2) 现在chà shífēn yìdiǎn bàn。

Q2 : 你什么时候有课?

1) 我九点 / 有课。
2) 我 / 从九点到十二点 / 有(上)课。
3) 我九点 / 有 / 汉语课。

Q3 : 你几月几号考试?

1) 我九月十九号 / 考试。
2) 我九月十九号 / 星期二 / 考试。
3) 我九月十九号 / 星期二 / 十点 / 考试。

Q4 : 9月10号是星期几?

1) 九月十号是星期天(礼拜天，周日)。
2) 九月十号是星期天 / 也是教师节。

3과

구체적인 장소에 대해 말하자!

Q1 : 喂，小王，你在家吗?

1) 不，我在学校餐厅(呢)。
2) 不，我在学生食堂(呢)。

Q2 : 你在宿舍吗?

1) 不，我在图书馆(呢)。
2) 不，我在图书馆 / 学习(看书呢)。

Q3 : 学生们在哪儿?

1) 学生们在教室(上课呢)。

Q4 : 他们在哪儿?

1) 他们在咖啡厅(聊天呢)。

***동작에 관한 표현을 연습하자!**

Q1 : 她在干什么?

1) 她正在 / 画画(呢)。

2) 她正在 / 学校 / 画画(呢)。

Q2 : 她在厨房干什么?

1) 她正在厨房做 / 菜(料理)呢。

2) 她正在厨房做 / 鸡蛋抄饭啊。

Q3 : 他们在干什么?

1) 他们正在看电视(呢)。

Q4 : 她在干什么?

1) 她正在跑步(呢)。

2) 她正在健身房 / 跑步(呢)。

공간에 대해 표현하자!

Q1 : 盒子里(边)有什么?

1) 盒子里(边)有 / 运动鞋。

2) 盒子里(边)有 / 一双 / 运动鞋。

Q2 : 教室里(边)有什么?

1) 教室里(边)有 / 桌子、椅子。

2) 教室里(边)有 / 桌子、椅子 / 和黑板。

3) 教室里(边)有 / 桌子、椅子、黑板 / 和一台电视。

상황 대화를 연습하자!

Q1 : 周日，我们一起去看电影吧!

1) 好啊! 我好久没有看电影了。
2) 太好了! 我特别喜欢看好莱坞电影。

Q2 : 下课以后，我们一起吃饭吧!

1) 好啊! 下课以后，我们一起去食堂吧!
2) 好啊! 我们吃什么?
3) 太好了! 下课以后，我们一起去学生食堂吧!

4과

버스노선에 대해

Q1 : 你坐几路车上学?

1) 我坐58(wǔshíbā)路车 / 上学。
2) 我坐58(wǔshíbā)路 / 公交车 / 上学。
3) 我8点 / 坐58(wǔshíbā)路 / 公交车 / 上学。

Q2 : 你坐几路车回家?

1) 我坐780(qībǎibāshí)路车 / 回家。
2) 我晚上5点 / 坐780(qībǎibāshí)路车 / 回家。

지하철노선에 대해

Q1 : 你坐几号线地铁上学?

1) 我坐三号线(地铁) / 上学。
2) 我坐三号线(地铁)上学 / 不太远。

Q2 : 请问，去明洞站怎么走?

1) 你坐三号线地铁去吧 / 不太远。

2) 你坐三号线地铁去吧 / 坐3站就行。

방위에 대해

Q1 : 食堂在哪儿?

1) 食堂在 / 咖啡厅(的) / 旁边。

2) 食堂在 / 宿舍(的) / 西边(儿)。

Q2 : 百货商店在哪儿?

1) 百货商店在 / 电影院的 / 旁边儿。

2) 百货商店在 / 电影院的 / 左边儿。

거리에 대해

Q1 : 医院离学校多远?

1) 医院离学校 / 大概两百米。

2) 医院离学校 / 大概两百米 / 不太远。

5과

다음 天气(날씨)에 관한 표현을 말해 보세요.

Q1 : 今天天气怎么样?

1) 今天天气很晴朗。(很)

2) 今天天气是阴天。(是)

3) 今天要(会)刮风。(要，会)

4) 今天要下雪。

다음 계절(季节)과 날씨(天气)에 관한 표현을 말해 보세요.

Q1 : 现在是什么季节?

1) 现在是春天，天气很暖和。

2) 现在是夏天，天气和热。

3) 现在是秋天，天气很凉快。

4) 现在是冬天，天气很冷。

날씨, 계절, 기온에 대한 표현

Q1 : 今天首尔气温多少度?

1) 今天首尔气温23度。

2) 今天首尔气温 / 零上23度。

Q2 : 外面在下雨吗?

1) 是的，外面正在下雨。

2) 是的，外面正在下雨 / 还刮风呢。

Q3 : 外面在下雪吗?

1) 是的，外面正在下雪。

2) 是的，外面正在下雪 / 天气很冷。

Q4 : 今天天气怎么样?

1) 天气预报说 / 今天天气阴。

2) 天气预报说 / 今天天气阴 / 还刮风。

3) 今天天气阴 / 会下雨，小心感冒。

비교문 적용하기 [~比~+형용사]

Q1 : 今天比昨天热(冷)吗?

1) 今天比昨天更冷。

2) 今天比昨天冷一点儿。

3) 今天比昨天冷多了。

건강(감기)에 관한 표현을 연습하기

Q1 : 你感冒了吗?

1) 是的，我不小心 / 感冒了。

Q2 : 你感觉怎么样?

1) 头疼，发烧，浑身没有力气。

친구를 걱정하는 표현

Q1 : 听说你病了，我来看看你。

1) 太谢谢了，不用担心! 我已经吃药了。

Q2 : 你去医院了吗?

1) 是的，我去医院了，不用担心!

6과

Q1 : 一杯咖啡多少钱?

1) 一杯咖啡20块(钱)，不太贵。

Q2 : 一斤西瓜多少钱?

1) 一斤西瓜3块(钱)，太贵了。

의복의 종류 및 가격에 대해 말해 보세요.

Q1 : 这条牛仔裤多少钱?

1) 这条牛仔裤两百五十九块(钱)。

2) 这条牛仔裤两百五十九块(钱) / 挺漂亮的。

Q2 : 这件大衣(衣服)多少钱?

1) 这件大衣(衣服)五百六十八(块钱) / 打六折。

2) 这件大衣(衣服)五百六十八(块钱) / 太贵了。

Q3 : 你觉得这双鞋怎么样?

1) 我觉得这双鞋 / 款式挺漂亮的 / 试一试吧!

2) 我觉得这双鞋 / 款式 / 挺漂亮的 / 多少钱?

Q4 : 这条连衣裙怎么样?

1) 这条连衣裙挺漂亮的 / 我太喜欢了。

2) 这条连衣裙挺漂亮的 / 不大不小，正合适。

선택의문문 연습하기

Q1 : 你买香蕉还是橙子?

1) 我买香蕉 / 一斤多少钱啊?

2) 我买橙子 / 一斤多少钱啊?

Q2 : 你喝咖啡还是奶茶?

1) 我喝咖啡 / 我不喜欢奶茶。

2) 我喝奶茶 / 这里奶茶很好喝。

7과

초대와 승낙에 관한 표현

Q1 : 晚上你有空吗? 一起去吃火锅吧!

1) 太好了，晚上我正好有空 / 一起去吧!

2) 太好了，晚上我正好有空 / 我特别爱吃火锅。

Q2 : 下课后，我们一起去唱歌吧!

1) 好啊，下课后，我们一起去吧!

1) 好啊，下课后，我在学校等你!

초대와 거절에 관한 표현

Q1 : 周末，你来我家玩儿吧。怎么样?

1) 不好意思 / 周末，我要去打工。

2) 不好意思 / 周末，我要去健身。

Q2 : 明天，我们一起去登山，好吗?

1) 对不起啊! 明天我不能去登山。

2) 对不起啊! 明天我不能去登山 / 我们周末一起去登山吧!

'~又~又~'를 활용하기

Q1 : 这条连衣裙怎么样?

1) 这条连衣裙又漂亮又便宜。

Q2 : 他的房间怎么样?

1) 他的房间又小又乱。(乱 luàn 어지럽다)

Q3 : 晚上，你想吃什么?

1) 晚上，我想吃炸酱面。

Q4 : 欢迎你们来我家玩(儿)。

1) 我买了洗衣液，祝你好事多多!

2) 我买了卷纸，祝你顺顺利利!

부 록

핵심문장 정리

1과

01 认识你，很高兴。

rènshi nǐ hěn gāoxìng

너를 알게 되어 아주 기뻐.

02 我现在读大二。

wǒ xiànzài dú dà èr

나는 현재 대학교 2학년 재학중이야!

03 我今年二十一岁了，属龙的。

wǒ jīnián èrshí yī suì le, shǔ lóng de

나는 올해 스물한 살이고 용띠야!

04 真巧，我们同岁啊!

zhēnqiǎo, wǒmen tóngsuì a

공교롭게도 우린 동갑이네!

05 我是2001年8月18号出生的。

wǒ shì èr líng líng yī nián bāyuè shíbā hào chūshēng de

나는 2001년도 8월 18일에 태어났어.

2과

01 好久不见啊!

hǎojiǔ bú jiàn a

오랜만이야!

02 我从九点到十二点上英语课。

wǒ cóng jiǔdiǎn dào shíèrdiǎn shàng yīngyǔ kè

나는 9시부터 12시까지 영어수업을 해.

03 我在501号教室上课。

wǒ zài wǔlíngyāo hào jiàoshì shàngkè

나는 501호 강의실에서 수업을 해.

04 十二点以后，我们通话喽!

shíèrdiǎn yǐhòu, wǒmen tōnghuà lou

12시 이후, 우리 통화하자!

05 差五分九点，快走吧!

chà wǔfēn jiǔdiǎn, kuài kuài zǒuba!

5분 전 9시야, 빨리 가자!

3과

01 我正在做汉语作业。

wǒ zhèngzài zuò hànyǔ zuòyè

나는 중국어 숙제를 하고 있는 중이야!

02 我一边看电视一边吃饭。

wǒ yìbiān kàndiànshì yìbiān chīfàn

나는 텔레비전을 보면서 밥을 먹어

03 明天星期六，你打算干什么?

míngtiān xīngqīliù, nǐ dǎsuàn gàn shénme?

내일 토요일인데, 너 뭐 할 계획이야?

04 我有两张电影票，一起去吧!

wǒyǒu liǎngzhāng diànyǐng piào, yìqǐ qù ba!

내가 영화표 두 장 있는데, 같이 가자!

05 我特别喜欢看好莱坞动作片。

wǒ tèbié xǐhuān kàn hǎoláiwū dòngzuòpiàn

나 특히 헐리우드 액션영화 좋아해!

4과

01 去明洞站怎么走? 坐地铁吗?

qù míngdòng zhàn zěnme zǒu? zuò dìtiě ma?

명동역 어떻게 가? 지하철 타?

02 你坐120路公交车吧，坐3站就行。

nǐ zuò yìbǎièrshí lù gōngjiāochē ba, zuò sānzhàn jiùxíng

120번 버스 타, 세 정거장이면 돼.

03 一直往前走，有个便利店，旁边就是。

yìzhí wǎng qián zǒu, yǒu ge biànlìdiàn, pángbiān jiù shì

앞으로 쭉 가다가 편의점이 하나 있어, 그 옆에 바로 있어.

04 不太远，大概走100米就到了。

bú tài yuǎn, dàgài zǒu yìbǎi mǐ jiù dào le

그다지 멀지 않아, 약 100미터 정도 가면 바로 도착해.

5과

01 天气预报说，今天会下雨。

tiānqì yùbào shuō, jīntiān huì xiàyǔ

일기 예보에 따르면 오늘 비 온대.

02 我们多穿一点儿衣服吧! 小心感冒!

wǒmen duō chuān yìdiǎnr yīfu ba! xiǎoxīn gǎnmào!

우리 옷을 좀 많이 껴입자, 감기 조심해!

03 头疼、 发烧、 浑身没有力气。
tóuténg, fāshāo, húnshēn méiyǒu lìqì
머리가 아프고, 열이 나고, 온 몸에 힘이 없어.

04 春天干燥，你要多喝水多吃水果啊!
chūntiān gānzào, nǐ yào duō hēshuǐ duō chī shuǐguǒ a!
봄이 건조해, 너 물도 많이 마시고 과일도 많이 먹어야 해!

6과

01 你喜欢喝咖啡还是奶茶?
nǐ xǐhuān hē kāfēi háishì nǎichá?
너는 커피가 좋아 아니면 밀크티가 좋아?

02 我喜欢喝咖啡，一杯冰咖啡多少钱?
wǒ xǐhuān hē kāfēi, yìbēi bīng kāfēi duōshǎo qián?
나는 커피가 좋아, 아이스커피 한 잔 얼마야?

03 你喜欢长款还是短款?
nǐ xǐhuān chángkuǎn háishì duǎnkuǎn?
너는 긴 (치마)가 좋아 아니면 짧은 (치마)가 좋아?

04 我觉得这款粉色的更漂亮。
wǒ juéde fěnsè de gèng piàoliang, wǒ tài xǐhuān le
나는 이 핑크색의 디자인이 더 예쁘다고 생각해.

05 哇! 不大不小，正合适啊。
wa! búdà bùxiǎo, zhèng héshì a
와! 크지도 작지도 않고 딱 맞네!

7과

01 这个周末你有空吗?

zhège zhōumò nǐyǒu kòng ma?

이번 주말에 시간 있니?

02 我特别爱吃羊肉串、麻辣烫。

wǒ tèbié ài chī yángròuchuàn, málàtàng

나는 특히 양꼬치나 마라탕을 먹기 좋아해.

03 你家又大又漂亮啊!

nǐ jiā yòu dà yòu piàoliàng a!

너의 집은 넓고도 예뻐.

04 吃完饭，我们一起去唱唱歌吧!

chī wán fàn, wǒmen yìqǐ qù chàngchanggē ba!

밥을 먹고 우리 같이 노래나 부르자!

8과

1 她的皮肤像雪一样白。

tāde pífū xiàngxuě yíyàng bái

그녀의 피부는 흰 눈같이 하얗네.

2 她长得更漂亮了。

tā zhǎngde gèng piàoliàng le

그녀는 더욱더 예뻐졌어.

3 她走进小木屋，发现里面一个人也没有。

tā zǒujìn xiǎomùwū, fāxiàn lǐmiàn yíge rén yě méiyǒu

그녀는 오두막 안으로 들어갔는데, 안에는 아무도 없었어.

4 她又累又饿，躺在小床上就睡着了。

tā yòulèi yòuè, tǎngzài xiǎochuángshang jiù shuìzháo le

그녀는 피곤하고, 배가 고파서 작은 침대에 누워 바로 잠이 들었어.

5 美丽的女孩儿，送你一个甜甜的苹果。

měilìde nǚháir, sòngnǐ yíge tiántiánde píngguǒ

아름다운 소녀여, 너에게 이 달달한 사과를 선물하겠어.

6 王子和白雪公主幸福地生活在一起。

wángzǐ hé báixuěgōngzhǔ xìngfú de shēnghuó zài yìqǐ

왕자와 공주는 함께 행복하게 살았다네.